SOCIÉTÉ D'ÉTUDE DU 20ᵉ SIÈCLE

CAHIERS
du 20ᵉ siècle

JOE BOUSQUET

nᵒ 10

ÉDITIONS KLINCKSIECK
1978

ISBN 2-252-02115-2

© Editions Klincksieck, 1978

ABRÉVIATIONS

Œuvres de Bousquet

BB : Le Bréviaire bleu, Rougerie, 1977.
Cap : Les Capitales ou de Jean Duns Scot à Jean Paulhan, Le Cercle du livre, 1965.
Cor. : Correspondance, texte établi et présenté par Suzanne N. André, Gallimard, 1969.
CS : La Connaissance du soir, Gallimard, 1947.
IP : Iris et Petite Fumée, G.L.M., 1939.
LE : Langage entier, Rougerie, 1966.
LI : Lumière infranchissable pourriture, Ed. de la Fenêtre ardente, 1964.
MB : Le Médisant par bonté, Gallimard, 1945.
ME : Le Mal d'enfance, Denoël, 1939.
ML : Le Meneur de lune, J.-B. Janin, 1946.
MS : Le Mal du soir, Bordas, 1953.
Mys. : Mystique, Gallimard, 1973.
NA : La Neige d'un autre âge, Le Cercle du livre, 1953.
NI : Notes d'inconnaissance, Rougerie, 1947.
No. : Il ne fait pas assez noir, Debresse, 1932.
Pas. : Le passeur s'est endormi, Denoël, 1939.
PB : Une passante bleue et blonde, Debresse, 1934.
PO : Lettres à Poisson dOr, Gallimard, 1967.
RS : Le Rendez-vous d'un soir d'hiver, Debresse, 1933.
SC : Le Sème chemins, Rougerie, 1968.
TrS : Traduit du silence, Gallimard, 1941.
TS : La Tisane de sarments, Denoël, 1936.

Etude critique

JB : René Nelli, *Joë Bousquet, sa vie, son œuvre*, Albin Michel, 1975.

DANS L'OMBRE DE JOË BOUSQUET

par Charles Bachat

A Jean Lebrun.

Pourquoi l'ombre portée de Joë Bousquet devient-elle aujourd'hui si nécessaire à notre monde mutilé ? C'est qu'avec lui se soulève une exigence « souveraine » — pour employer la terminologie de Bataille — qui laisse loin derrière elle les scolastiques du langage. Si, ces dernières années, on a prêté tant d'attention au roi-langage, n'est-ce pas par une sorte de subterfuge qui tentait d'abolir ou de masquer la primordiale question du rapport du langage à l'être que Bousquet se pose à tout instant ? Le néo-positivisme de la science moderne n'a pas tardé à céder du terrain à l'angoissant questionnement de la connaissance. Pourquoi tant de savants américains s'intéressent-ils à la « gnose de Princeton » ? (1) Pourquoi la philosophie reléguée jusqu'à présent au magasin des antiquités, donne-t-elle envie de revenir à ce scoliaste hérétique (2) pour qui philosopher n'était pas « apprendre à mourir » mais consistait à ne pas se satisfaire du scandale de la vie et de la raison. Relisons *Présentisme* (3) et ses mots d'ordre décapants : « il n'y a *de surnaturel qu'en l'homme* » ; nous y verrons à l'œuvre un *esprit en dissidence* s'incarner « à travers la négation de la loi, l'anéantissement de tout ce qui, en représentant quelque chose d'établi, peut continuer à porter son nom ». Ses romans : *Il ne fait pas assez noir, Une passante bleue et blonde, La Tisane de sarments* comportent une des toutes premières mises en question de la fiction romanesque piégée dans ses fondements mêmes. On ne pouvait demander à l'homme d'une blessure de demeurer fidèle à un système de représentation qui n'aurait pas miné sa propre mise en forme. Ses « journaliers » témoignent de la né-

---

(1) Nous pensons au beau livre de Raymond RUYER : *La Gnose de Princeton*, Le livre de Poche - Pluriel.
(2) Bousquet s'est beaucoup intéressé dans les *Capitales* à DUNS SCOT et Raymond LULLE.
(3) Cf. *Voie libre* par Ph. LAMOUR, Joë BOUSQUET, Carlo SUARÈS, Au Sans pareil, 1930.

cessité vitale qui l'obligeait à rêver sa vie paralysé jusqu'à mi-corps, à réanimer son personnage sous des masques d'emprunt et à mythifier les événements qui gravitaient autour de lui : « Il est des événements vrais qui ne peuvent être crus que sous la forme de mythes » (*Encres*). Bousquet l'Obscur ? dira-t-on. Moins obscur que Mallarmé, sans aucun doute. Si par obscurité nous pensons à un goût *inné* pour l'hermétisme, rien ne serait plus faux, s'agissant de Bousquet. « Nous avons besoin d'ombre. Paradoxe insupportable. » écrit-il dans *Réflexions inspirées par une œuvre en cours* (*Les Fleurs de Tarbes* de Jean Paulhan). Il faut entendre par là que l'ombre est comme le halo qui accompagne l'effort de la profération elle-même — à quoi l'on reconnaît l'acte littéraire qui consiste à « convaincre sans persuader » par le détour d'une « communication (brûlant) les étapes ».

Mais Bousquet n'est-il pas resté jusqu'à ce jour dans l'étroit réduit d'un cercle étroit de connaisseurs dont certains ont un peu trop tenu — jusqu'à présent — à préserver leur héros loin de la plèbe des lecteurs « non avertis » ? Joë Bousquet est encore victime du mythe qui entoure son existence. On serait tenté de considérer en lui bien plus le blessé que l'écrivain de sa blessure. On ne connaît pratiquement de lui que ses écrits posthumes dont certains ne prennent du relief que relativement à une œuvre connue, trop confidentielle. Seule l'image de l'épistolier des *Lettres à Poisson d'or* émergerait quelque peu mais nous paraissait déformer l'image de Joë Bousquet (4). Certes René Nelli, perméable à cet engouement, nous a fourni l'occasion de connaître l'éclatant conteur du *Roi du Sel* et s'apprête à rééditer ses œuvres romanesques. Mais l'auteur du *Livre heureux,* cette autobiographie-fleuve dispersée dans *Traduit du silence* et Le *Meneur de lune* où s'entremêlent les eaux de la vie vécue comme fiction et d'une œuvre solidement arrimée à une vie toute d'exception ? Mais le très lucide critique littéraire des *Cahiers du Sud ?* Mais l'intarissable et fabuleux épistolier qui entretenait une correspondance avec tout ce que l'on pouvait compter de créateurs et de penseurs, resteront-ils méconnus ?

On a suffisamment glosé sur le « gisant de Carcassonne »

---

(4) Loin de nous l'idée de négliger ce très important recueil épistolaire. Il est de fait que pendant très longtemps, n'étant que le seul ouvrage de Joë BOUSQUET disponible au grand public, l'auteur apparaissait surtout comme un éminent « épistolier ».

pour qu'on aille enfin visiter ses terres, c'est-à-dire lire et ana-
lyser ses écrits. Encore faut-il beaucoup de prudence critique
— « Il n'y a pas d'aventure de l'esprit » écrivait-il encore dans
La Neige d'un autre âge. C'est signifier que l'on doit éviter de
« juger (son) sort avec les yeux de ses visiteurs » et d'engrais-
ser de la sorte un mythe tenace dont nous devons cependant
tenir compte pour cerner de près les *représentations* que l'on
se donnait de son personnage. « Il y a des œuvres événements »
remarquait-il au sujet des *Fleurs de Tarbes* de Jean Paulhan.
C'est cette œuvre-événement que nous voudrions visiter et éclairer. Cette œuvre-phénomène assez unique puisqu'elle fut moins
construite en vue du jugement toujours lent et inadéquat de la
postérité qu'élaborée pour équilibrer et donner un sens à une
déchéance physique. — Œuvre prophétique s'il en fut, à la
croisée de tous les chemins de la pensée et de l'écriture mo-
dernes. Comme l'affirme Xavier Bordes ici même, « le fait
qu'il anticipe, selon ses propres voies, aussi bien sur ce que
nous connaissons de la linguistique moderne, de la sociologie,
de la psychologie que de la philosophie, de la psychanalyse et
de la politique, situe Joë Bousquet sur un plan au demeurant
plus synthétique que les écrivains et les penseurs de son
temps : de cette synthèse-là nous avons actuellement un urgent
besoin. » C'est bien pour cette raison que les quelques thèmes
d'étude réunis aujourd'hui constituent autant de moyens d'aborder la planète Bousquet d'un regard neuf et attentif au remue-
ménage parfois confus, mais d'une richesse insoupçonnée que
nous offre sa synthèse créatrice — Xavier Bordes nous fait
entrer d'emblée dans cet « espace impossible », cet autre sens
de la parole qu'exige chez Joë Bousquet une recherche d'un
monde qui n'est plus tout à fait le sien. C'est à saisir ces prolé-
gomènes à une conscience blessée que nous convie Xavier
Bordes. Son rapport au langage, ses spéculations sur le langage
instrument de l'*être* et du *connaître* sont analysés par Mme A.
Battacharya. Recherche complétée par les réflexions de Mme
Françoise Haffner sur l'amour et la création mythique chez
l'auteur de *La Connaissance du soir*. Que le penseur ne fasse
pas oublier le romancier aux prises avec la matière romanesque et les différents types du récit auxquels il s'est consacré
avec un talent inné de *raconteur*.

Sans jamais vouloir donner son expérience en exemple, il
n'empêche que Joë Bousquet, loin de s'arc-bouter sur une pensée momifiée, nous propose une morale guère identifiable à

une quelconque philosophie, mais donnant un sens au destin accepté, surmonté et dépassé.

C'est une morale du destin que Joë Bousquet nous demande de méditer : « Peut-on à force de sincérité, faire de sa vie le symbole de la vie la plus haute. » Ce faisant, nous n'aurons fait, dans ce cahier, qu'arpenter la planète Bousquet. Il nous restera, bien entendu, à la défricher. Mais tout au moins ce recueil d'études permettra-t-il « d'assurer un avenir à Joë Bousquet ».

Charles BACHAT.

LES MODALITÉS DU RÉCIT
CHEZ JOË BOUSQUET

par Charles Bachat

I. — LE STATUT DE L'ÉCRITURE

Peu d'écrivains plus soucieux que Joë Bousquet de définir dès l'abord — dans ses prologues ou préfaces, voire même à la fin de ses romans — à la manière d'un code de lecture, le statut de sa propre écriture et sa *lisibilité*. Pour reprendre le classement opéré par le poète lui-même entre écrivains *ovidiens* et *virgiliens* (1), Bousquet serait assurément à ranger parmi les écrivains virgiliens car, écrit-il à propos de Jean Giraudoux, dans « [...] les textes virgiliens [...] elle [la conception] suppose une réflexion sur le sujet, une méditation sur le style, prévoit la lecture et presque toujours le lecteur ». Dialogue oblique mais sans détours avec ce que l'on appelle aujourd'hui : le *narrataire* (2), le lecteur potentiel, qui institue, d'entrée, un *contrat de lecture* (3). En effet, sans la lecture, sans la prise en charge de son écriture par ce locataire des lieux où se narre son expérience, celle-ci n'existerait pas : « Tout ce que je prémédite est de sidérer les désœuvrés qui me liront et de leur laisser un souvenir vide de toute aventure » (*No.*, 7). Bousquet ne propose pas d'aventure, c'est son expérience insolite et son cas-limite qui en tiennent lieu. S'il refuse catégoriquement d'enjoliver ses récits par la *fable* telle que l'entend Bakhtine (4), c'est pour mieux la retrouver à une alti-

---

(1) Voir Jean GIRAUDOUX, *Confluences*, oct. 1942, p. 145.
(2) Gérard GENETTE, *Figures III*, Le Seuil, Paris, 197.
(3) Voir Philippe LEJEUNE, *Le Pacte autobiographique*, Le Seuil, Paris, 1975.
(4) BAKHTINE, *La Poétique de Dostoësvski*, Le Seuil.

tude supérieure et la recréer à un degré d'existence *autre* : le narrataire se voit invité à assister à une « opération de délivrance spirituelle » (*No.*, 8). L'écriture se veut alors le *tracé* exact de la métamorphose de l'être-Bousquet et, en retour, la lecture, débarrassée de ses facilités premières, sera l'unique instrument pour coïncider avec son calvaire, exigeant du même coup la métamorphose de la passivité du narrataire en un acte métaphysique et périlleux. Procédure de désorientation, de mise à l'épreuve justifiée par l'écriture-blessure. Bousquet demande à son lecteur une *conversion* comparable à celle qui a suivi sa blessure lors des douze années qui ont mis bas le nouveau Bousquet-né-de-la-blessure, épreuve consistant à délaisser provisoirement pour le temps et la lecture, ou définitivement comme tous ceux qui ont été « marqués au fer rouge » du personnage (5), les modes habituels de *penser,* de *sentir* et résumant tout, de *lire.* A un degré plus fondamental que ne l'accomplirent les surréalistes, Bousquet ravale l'écrit mensonger de « ces maudits de la littérature » qui « vendent la prétentieuse image de ce qu'ils n'ont jamais éprouvé » (*NA,* 11-12). Son entreprise, disant l'*indicible,* prétend aller au-delà de sa propre subjectivité en contestant l'objectivité d'une écriture qui s'exerce et s'appuie sur la blessure vécue : « Disposant mon esprit en vue d'une expérience prochaine [...], j'ai vu *mon tourment s'écrire* » (*No.*, 8).

Alain Robbe-Grillet a magistralement saisi ce phénomène de « désubjectivisation » alors même que le romancier ou le mémorialiste se trouve placé au cœur de son existence subjective, parmi les phantasmes imaginaires et mémoriels de son « moi » : « La découverte est capitale — écrit le nouveau romancier — elle marque l'avènement de l'art en libérant la littérature du souci de *transcrire* et de *témoigner* ». Comme on peut le voir, le *souci formel* dont nous avons ici à débattre subsume l'*inquiétude métaphysique.* Nous voilà loin d'une simple décision portant sur la morphologie romanesque — d'un choix purement esthétique — et dans cette perspective, le rapprochement de la *narration* bousquetienne avec les techniques du nouveau roman établi par René Nelli (6), s'il nous paraît tout à fait vraisemblable quoique entaché d'une illusion rétrospective, n'éclaire pas tout à fait le jeu subtil de la forme romanesque

(5) Lettre de Mme Geneviève Augier à l'auteur.
(6) René NELLI, Joë Bousquet, sa vie, son œuvre, Albin Michel, 1975, p. 5 ; « Joë Bousquet et le « Nouveau Roman », p. 175.

particulière à Bousquet qui — nous nous attacherons à le démontrer — a su réaliser la jointure d'un *dire* et d'un *vivre*. Il n'est pas étonnant que dans la plupart des cas, le *contrat de lecture* fasse ressortir les difficultés de la communication entre narrateur et narrataire : « Est-ce une aubaine pour celui qui a quelque chose à dire que d'en trouver la matière dans ce qu'il est *seul* à concevoir ? » (*Pas.*, 14). Ce serait plutôt une malchance, semble sous-entendre Bousquet. Faire partager la singularité d'une « émotion humaine » en choisissant « une pensée incommunicable » ? Voilà mieux cerné ce que l'on est en droit d'appeler l'ésotérisme du « veilleur » de Carcassonne. Non pas une volonté consciente et organisée de rechercher l'obscur et l'abscons mais le désir d'appréhender d'une manière brute une infirmité physique dans ses détours accablants par un langage « infirme » ne trahissant pas la violence de sa manifestation : « Il avait écrit pour porter un nom qui ne fît pas mention de sa blessure. Or, les infirmités qu'il se figurait avoir enterrées reparaissaient fatalement sous sa plume s'inscrivant dans une façon qui n'était qu'à lui de *marquer le réel* » (*ME*, 12).

On comprend mieux, dès lors, que Bousquet ait si lourdement insisté sur ce qu'il croit être ses déboires d'écrivain.

II. — UNE STRATÉGIE AMBIGUE

Il serait fastidieux d'énumérer tous les textes où Bousquet rejette son état d'écrivain ou plus malicieusement s'affirme piètre romancier. Cependant quelques-unes de ces notations étayeront notre analyse : « écrivain comme par oubli » (*ML*, 18) ; « la conviction écrasante que je n'entends rien à mon art » (*TrS*, 16). On pourrait se demander s'il s'agit bien là d'aveux de fausse modestie — ce que nous ne croyons guère — ou plutôt si, écrivant cela, il ne prétend pas condamner le *métier* littéraire avec tout ce qu'il comporte de sacrifices à la mode, au temps, à la société : « Je suis né pour condamner la littérature » (*NA*, 75). Cette parole retentit comme les anathèmes surréalistes, mais n'oublions pas que Bousquet la prononce avec toute la force d'un corps mutilé. « Mettre fin à l'invention », annuler tous les autres écrits par le poids non pas de l'imagination mais d'une vie qui s'invente, tel est l'ambitieux dessein qui transparaît dans ces prétendues faiblesses avouées. Un souhait résume assez bien une pareille tentative : « J'aurais voulu n'écrire que pour libérer l'homme de l'absurde désir de lire des histoires. » Car les romans et les journaliers de Bousquet n'ont pas « d'histoire », ils vont au-delà de tout récit, instaurant l'Histoire de la Blessure, l'incessant bégaiement d'un mauvais coup du sort. Doit-on encore le suivre lorsqu'il met en avant ce qu'il nomme sa « besogne d'artisan » (*No.*, 68) ? Bien d'autres textes, au contraire, magnifient sa vocation d'écrivain : « Mon premier souvenir d'écrivain : je ne savais pas lire que déjà, paraît-il, j'écrivais. On m'avait confié à des religieuses qui tenaient une école enfantine. [...] Un jour, l'exercice achevé, une religieuse ordonna : « Rassemblez toutes les ardoises, *sauf* celle de J. B. » Je donnai mon ardoise très intrigué. J'entendais le mot « sauf » pour la première fois. Je me demandais à quoi il vouait le carré noir où j'avais gribouillé des traits. Je comprends vaguement qu'il *m'exceptait,* mais je souhaitais le contraire, et par exemple, qu'il signifiait surtout. » On retiendra de ce souvenir mythifié la nécessité pour Bousquet de donner une origine à son « occupation », ses « passe-temps d'insoumis » (*No.*, 68) contrairement aux révélations par ailleurs d'une activité dont il nous dit certaines fois qu'il n'était pas fait pour l'entreprendre. Nous aurons, du reste, l'occasion de rencontrer la même illusion rétrospective lorsque Bousquet s'acharne à réduire la cassure de la blessure, à combler les différences entre les deux moitiés d'une personnalité qu'il dédouble selon la faille introduite par l'événement. Cette contradiction apparente nous fait mieux saisir la relation de l'écriture à la blessure. Tout porterait à croire que l'écriture viendrait comme en compensation de la blessure et en dirait les atroces stigmates. Certes il reste vrai que la création de Bousquet est tout entière portée par sa marque indélibile, son souvenir, son traumatisme même et plus encore par le mécanisme réactionnel provoqué dans son psychisme, sa vision du monde et sa pensée. L'on sait, d'autre part, que le Bousquet « dans la longueur du fil à plomb » avait écrit une courte pièce de théâtre : « *La Route enchantée* » et bien des poèmes néo-symbolistes. Ce que Bousquet nous confie d'autre part dans le *Galant de Neige* du métier de banquier ou de commerçant auquel son père le destinait ne nous laisse aucun doute sur le peu d'empressement qu'il avait à embrasser une telle carrière. Qu'il soit devenu écrivain par absolue nécessité ou qu'il ait possédé certaines dispositions, peu importe, en définitive. Il est fort possible que sa blessure ait acquis toutes les apparences d'un alibi de son écriture quand on sait combien son père se montrait hostile à cette situation contraire aux normes de la bienséance bourgeoise. Travail besogneux ou conséquence de son « génie », l'écriture tout comme l'art « anti-destin » de Malraux devient salut, sauvant de la détresse et du découragement, exercice spirituel transcendant la vie et la mort : « [...] l'écriture est ce qui nous permet d'éluder la *loi fatale* et de déjouer ses arrêts. » C'est pour cela qu'au seuil d'une étude sur les formes narratives, il nous a paru indispensable de déterminer au préalable le fort potentiel d'émotions, de sensations, de *désirs* en même temps que de souffrances que met en jeu cette morphologie qui, loin d'être strictement artificieuse, revendique la plénitude d'un destin incarné.

II. — LES MODES DU RECIT

I. — LES PROCÉDÉS DE LA FICTION NARRATIVE

Pour un créateur qui ne craindra pas, à partir des années 1940, de donner libre cours à la « fiction lyrique » dans ses écrits autobiographiques [7], Joë Bousquet, bien avant les récriminations de Jean-Paul Sartre contre François Mauriac [8] et la pratique des nouveaux romanciers, se montre, et ce dès 1930, très au fait de la responsabilité du *romancier* à l'égard de la conduite de la fiction, de ce que Gérard Genette [9] désigne du nom de « fonction de régie », notamment dans les rapports qu'entretient l'auteur avec le narrateur et les autres personnages. Rendre les procédés de fiction vraisemblables revêt une importance capitale pour le romancier néophyte. Ce soin de vraisemblabiliser le récit lui vient sans doute des romanciers du xviiie siècle qu'il lisait beaucoup et dont l'ingéniosité à cet égard lui paraissait sans égale. Comme eux, Bousquet a le goût des préfaces où s'institue, dès l'abord, le cadre fictif de la narration. Ces « jeux » subtils vont quelquefois, comme dans *La Fiancée du vent*, jusqu'à utiliser l'entremise de deux « narrateurs » :

---

(7) STAROBINSKI, *Le Style de l'autobiographie*, p. 89.
(8) « M. Mauriac et la liberté », *Situations I*, Gallimard.
(9) Gérard GENETTE, *Figures III*.

Jean-Flour Montestruc et Raymond Mâcheroses : « Je me préparais à publier la vie d'Azolaïs de Mandirac quand une heureuse fortune me fit découvrir dans la bibliothèque de M. Nelli un *manuscrit* du xive siècle qu'il faut attribuer sans hésitation à Raymond Mâcheroses. Les faits étranges que Jean-Flour Montestruc raconte dans ses mémoires y sont analysés avec une philosophie si cruelle que mon respect des vieilles histoires a été quelques instants ébranlé. Mais de considérer un autre effet du même drame sur une âme d'élite m'a permis de tourner pour ainsi dire autour de son développement et de *me retrancher* en le *rapportant* aujourd'hui de l'interprétation que je propose à l'indulgence de mes compatriotes. » Donc Bousquet se cantonne dans le rôle « secondaire » de l'éditeur et s'abrite derrière un *manuscrit* d'époque et les mémoires de Jean-Flour Montestruc. On aura relevé le souci d'objectivité (*me retrancher*) qui convient à la publication d'un roman historique. Le prologue du *Rendez-vous d'un soir d'hiver* fait part du même besoin d'évacuer une subjectivité qui aurait toutes les raisons de se montrer trop encombrante : Paul Servan *narrateur* et protagoniste du roman lègue à Bousquet son ami intime, avant de disparaître, ses souvenirs, ce dernier se contentant de *rapporter* le récit oral qui lui a été confié. On notera que le mérite de la clarté du récit est accordé à Paul Servan : « Son aventure lui redevenait claire dans son dessein à me le confier [...]. » Reste au « transcripteur » celui de la fidélité de la relation écrite : « Je le rapporterai comme je l'ai entendu. » *Une passante bleue et blonde* (1934) se présente comme les pages de *carnets* où « une mort emporte son secret ». Plus d'écran, désormais, entre le narrateur disparu et son ami qui se borne à rester le narrataire privilégié. La distance ne s'établit qu'entre l'écrit fané — datant de « l'âge des passions » et la lecture présente : « il s'efforçait d'en remonter à *sa sagesse future* ». A mesure que nous avançons dans le temps et que la maturité de Bousquet se fait jour, il semble qu'il n'éprouve plus le besoin de se dérober, l'objectivité de la fiction devenant affaire d'expressivité, le lyrisme onirique trouvant un *discours* parfaitement capable de communiquer au narrataire une blessure maintenant symbolique et partagée. *La Tisane de sarments* où narrateur et héros fusionnent ressemble fort aux cahiers mis en forme au même moment. *Le Mal d'enfance* débute par une lettre signée du narrateur, prenant pour *médium* une lectrice-destinataire dont le roman nous apprend le pseudonyme : *poisson rouge :* « Cette lettre n'a pas de fin » (*ME*, II).

Le roman qui ne déguise plus sa fiction apportera précisément la réponse ininterrompue — comme Eluard parlait d'une « poésie ininterrompue » — à des éclaircissements réclamés, formera le dialogue implicite avec une correspondante métamorphosée en personnage romanesque. *Iris et Petite Fumée* donne l'impression de revenir à une objectivité presque scientifique. Mais ce n'est que faux-semblant. Le narrateur médecin est choisi moins pour la rigueur de son diagnostic, de son témoignage médical que parce que Bousquet le charge tout à la fois d'être l'*historiographe* de M. Sureau et son double asymptotique qui nous décrit par le menu les changements psychologiques qu'il éprouve au contact de son malade : « Le jour de Pâques [...], j'avais dû l'entendre m'exposer des vues intellectuelles dont je ne savais que penser et que j'avais *consignées* aussi *froidement* que possible. » Bousquet gagne ainsi sur les deux tableaux : il assure par l'observation minutieuse de l'œil vigilant du médecin l'objectivité recherchée de l'analyse d'un cas clinique, celui du protagoniste, sans oublier, en même temps, d'éclairer sa psychologie profonde, non par celle du malade, mais par l'auto-analyse du narrateur « contaminé ».

Le Médisant par bonté, plutôt fresque sociale et satirique qu'œuvre purement romanesque, travestissement picaresque dont nous étudierons la portée nouvelle, se rapprocherait d'une étude de mœurs balzacienne où l'auteur omniscient nous rend voyeurs de l'intimité de ses personnages. Pourtant, Bousquet se présente ici comme le narrateur-relais de « l'écrivain-raté » Frérot qui se destinait de prime abord à cet ambitieux projet : « Frérot n'écrira pas son livre sur Carqueyrolles. La ville mineure ne décourage pas les initiatives mais les engourdit, elle endort les hommes avec leurs projets » (*MB*, 229). Seul témoin de ce livre inachevé, la *Note sur la Médisance*, attribuée au même Frérot, clôturant l'édifice, sert de mode de lecture à cette ironie amusée.

Ce rapide coup d'œil sur les procédés de la fiction nous amène naturellement à envisager l'étude des points de vue, ou de la « focalisation » selon le terme de Gérard Genette.

II. — LA FOCALISATION

Pour reprendre le vocabulaire de Genette, la majorité des

romans bousquetiens possèdent un récit « homodiégétique »
où le narrateur se confond avec le héros principal ; que ce soit
dans *Il ne fait pas assez noir,* récit à tendance autobiographique
où le « je narrant » s'identifie au « je narré », selon les termes
de Jakobson, *La Tisane de sarments,* le *Mal d'Enfance* où apparaît le « je signé » : l'initiale J. B. dès la lettre introductive, où
dans *Le Passeur s'est endormi,* le héros raconte sa propre histoire, aboutissant à une focalisation interne, les événements
étant analysés de l'intérieur. Trois exceptions seulement : *Le
Rendez-vous d'un soir d'hiver,* où le narrateur, absent de l'action, en l'occurrence Joë Bousquet, est distinct du héros de la
narration : Paul Servan, la focalisation demeurant toutefois
interne. *Iris et Petite Fumée* adopte un schéma beaucoup plus
complexe : le narrateur-médecin et le protagoniste-malade se
voient dédoublés mais le narrateur acquiert au cours même de
l'action une stature de héros qui tend à rivaliser avec celle
du principal personnage. Enfin, *Le Médisant par bonté* présente
un auteur omniscient, débusquant de l'intérieur chacun de ses
personnages typifiés et, par là même, un récit non focalisé.

Mais les techniques jusqu'alors employées par Bousquet,
celles de l'illusion fictive ou de la focalisation, répondaient à
une volonté d'asseoir le récit fictif sur des bases solides afin
d'échapper à un trop-plein de subjectivisme naturel chez un
romancier qui prend source dans un vécu *inénarrable,* indicible,
difficilement narrable et exprimable. Plus encore, Bousquet
— soucieux de conférer à ses épures romanesques une dimension symbolique — use volontiers de la multiplicité des reflets
qu'offrent les méta-récits, les récits dans le récit, la mise en
abyme, tout ce que Jean Ricardou englobe sous la dénomination
de « fonctionnements greffés » (10).

III. — LES « FONCTIONNEMENTS GREFFÉS »

L'Histoire de Grain-de-mil, conte en miniature emprunté à
Bladé, constitue comme l'emblème narratif du *Mal d'Enfance.*
Le casseur de pierres vient le soir raconter au narrateur comme
une berceuse (11). Ses effets sont tour à tour stimulants ou conso-

---

(10) *Le Nouveau Roman,* coll. Microcosme, Le Seuil.
(11) *L'Histoire de Grain-de-Mil,* p. 22 et 153.

lateurs : « Il était un enfant [...] dont la petitesse faisait la force. » N'est-ce pas là — résumé — le symbole de l'homme-Bousquet diminué mais vainqueur de sa propre diminution ? Une autre histoire se greffe encore au tronc noueux du roman : il s'agit de l'*Histoire de Pip et de Squeack* que Poisson rouge lit dans un journal anglais. Conte facétieux et fantaisiste dans la lignée de Lewis Caroll, celui des amours d'un vieux dogue et d'une pingouine, mais en outre icône des amours du narrateur pour poisson rouge. « Pip avait fait graver une devise sur une médaille d'or que Squeak portait autour du cou : le temps est le cœur des amours sans tache » (*ME*, 95). On n'est guère surpris de retrouver par ailleurs la même allusion dans les *Lettres à Poisson dOr*. Le roman se ferme sur un autre récit parallèle à réfraction symbolique, celle du poète blasphémateur, histoire persane dans le ton des *Mille et une nuits :* le poète appelé au Paradis et avant de passer l'épreuve du Jugement Dernier fait chanter par un chœur d'anges quelques-unes de ses œuvres : surprise, l'on n'entend qu'injures et imprécations. Comment mieux indiquer la part du diable dans toute création humaine ?

La Tisane de sarments voit quelquefois son récit entrecoupé de récits annexes comme celui des trois chats poursuivant la souris enrobée de sucre (*TS*, 106, 107). En l'occurrence ce conte drolatique s'intercale entre le dialogue fort élevé du narrateur, de la dame de peine et de ses deux filles, déride l'atmosphère et joue un rôle pédagogique de pause dans le roman : « Mais les yeux de ces enfants me demandent une histoire, et je me laisse aller au désir de les intéresser. »

Mygale, l'une des héroïnes du *Passeur s'est endormi*, raconte au narrateur l'histoire de *la Belle et du Loup,* qui recèle, métonymiquement, le désir latent de la jeune fille ; le jeune amoureux est « rendu à sa nature de loup » par les reproches proférés par celle-ci : « Quand je pense qu'il est parti sans me manger » (*Pas.*, 174). Belle manière de broder autour de Perrault.

La mise en abyme recèle davantage d'efficace au niveau de la narration qui a l'air, par cet effet de miroir, de se retourner sur elle-même, soulignant d'un trait plus vif les rappels, les échos ou les préparations. Un exemple d'une *Passante bleue et blonde* accorde une certaine force aux prémonitions tellement riches dans le destin « magique » de Joë Bousquet : « Il y a pour moi dans la tache claire d'un carreau sous les toits, très loin de la fenêtre où je me tiens, un enfant qui écrit son journal sans savoir qu'il sera malheureux [...] » (*PB*, 97). L'effet de miroir est ici matérialisé par le carreau, qui renvoie au souvenir à travers le reflet de la distance. L'enfant-écrivain laisse prévoir et deviner l'adulte blessé écrivant sa blessure.

La *Tisane* accumule de tels renvois. Ainsi, le narrateur, travaillant à une traduction de l'œuvre de Dom Bassa, répercute sa pensée et, « dans ses marges », l'assimile à la sienne, l'incorporant au roman qu'il écrit. On n'en finirait pas d'énumérer les notations qui dispensent à l'œuvre son aspect de « work in progress », mimant la lente élaboration de l'écriture : « J'écris en général le matin, quand je viens de m'éveiller c'est-à-dire assez seul. »

> « — Monsieur vous m'attendez.
> — Pas encore, j'écris à l'encre rouge le plus ancien de mes souvenirs. » (*TS*, 14-22)

Sur la fin, sa sœur lui annonce la mort de Sabbas, ce contrebandier qui lui procurait la « tisane de sarments ». Mais sa mort ne devient pour lui « réelle » que lorsque, usant de ses droits de romancier-régisseur, il la lui donne par la magie de l'écriture : « Il eut peur, vit que la bête était nue, et aussitôt, fit un effort pour bouger car elle se jetait sur lui. Il n'eut pas le temps de se dérober, ressentit un choc violent. Il était mort au plus secret de lui-même, enfin broyé par la mort que son imagination lui avait choisie » (*TS*, 252-253).

Cette technique de mise en miroir s'avère donc précieuse lorsqu'on s'apprête à dévoiler la machine romanesque : le narrateur expliquant au casseur de pierres les raisons du choix de son titre, *Le Mal d'Enfance* ou encore lorsque, dépassant le cadre strict du roman elle en appelle, comme dans *Le Passeur*, à un thème déjà abordé tout au long de *La Tisane de sarments* : le libraire fraudeur tient à lui vendre un ouvrage singulier : « Histoire d'un prêtre qui fut daimon et le redevint » (*Pas.*, 179).

Ces jeux subtils, même si parfois ils génèrent à travers la trame narrative, n'en ont pas moins qu'une valeur parenthétique de « mise en suspens » de l'intrigue principale à laquelle ils se rattachent peu ou prou par quelque analogie scripturale. Il n'en va pas de même de l'objet générateur, fétiche ou *mannequin* (selon le terme de Starobinski) qui assume un rôle polyvalent comme nous l'allons voir, de polarisation de l'émotion,

d'attraction événementielle et de symbolisation des analogies
de l'inconscient.

IV. — L'OBJET GÉNÉRATEUR

L'objet, dans le texte bousquetien, n'offre ni le luxe descriptif des romans de Robbe-Grillet, ni l'ironie métaphorique de
l'*objeu* pongien ; il s'apparenterait davantage à l'objet mysté-
rieux et magique tel que le concevait André Breton. Son rayonnement subliminal ne nuit cependant pas à son rôle de conducteur intradiégétique. « Centre sidéral de la péripétie » (*PB*,
133), il commande à l'*événement,* lui restituant un certain pouvoir d'autonomie dans la syntaxe d'ensemble de l'ouvrage. On
pourrait le rapprocher d'un *marqueur* qui signalerait par son
retour les rebonds de l'action. Ainsi le *masque de velours* si-
gnale-t-il, dans *Le Rendez-vous,* le duel amoureux de Paul
Servan et d'Annie, le geste de la jeune fille, comme dans une
comédie de Marivaux, le mouchoir tombé, venant apporter le
signe de son approbation : « La fenêtre s'était refermée [...]
Mais comme une épave de cet autre monde que je venais de
quitter, je ramassai, à mes pieds, un *chiffon de velours* dont la
conscience me venait qu'il m'avait effleuré de son odeur aé-
rienne, tombant, tandis que je reprenais mes sens, du haut d'un
balcon inconnu, d'une main étrangère à ses gestes » (*RS*, 45).
Si le masque de velours est comme le fétiche d'Annie, le *manteau bleu* serait l'ornement de la Mère.

Présence de la chaleur maternelle, il rassure le jeune enfant
anxieux, tel le Marcel de la *Recherche,* avant le coucher :
« Un manteau bleu pâle suspendu dans le hall vitré, je vois
encore qu'il portait sur son bord d'hermine les cils d'argent
du froid quand un parfum de verveine, dans le rayonnement
des lampes en veilleuse montait, le soir ou la nuit. l'escalier
de cristal avec le rire de ma mère ou ses romances d'un jour »
(*RS*, 48). Evénement mémorable de la sollicitude maternelle,
d'un maternage très proustien : « Je suis venu voir, [...] si tu
n'avais besoin de rien avant qu'il fasse noir. Elle me disait :
Tu vas dormir » (*RS*, 50).

Un peu de la même façon, le *gant* noir de Mygale déposé
sur un coffret à lettres ouvre la porte au rêve et à cet *événement*

angoissant que constitue pour le « gisant » la tombée de la nuit : « On aurait dit que pour cet objet étranger aux choses qui m'entouraient la nuit était un peu plus avancée que pour moi. Puis [...], je vis l'obscurité croître avec la forme de cet objet oublié, se couvrir hors de lui d'un voile à sa ressemblance, comme si ce détour était une occasion pour mon regard de toucher en lui-même la chair d'une nuit qui ne finissait pas » (*Pas.*, 194).

Revenons à présent au masque de velours et au trajet métonymique qu'il poursuit et examinons de près ses métamorphoses : « C'était un masque de velours, un loup de carnaval muni d'une si étroite barbe de dentelles qu'il était difficile d'imaginer un visage assez effilé pour lui convenir [...]. A force de fouiller mes souvenirs, j'avais découvert à quelle mâchoire humaine la coupe de ce fragile ornement me paraissait s'approprier. Avec une netteté un peu alarmante, je revoyais un maxillaire que nous avions trouvé, Annie et moi, sous des orties, dans le jardin de la Mère Touron, en cherchant de l'herbe à verrues » (*RS*, 46). Remarquons que l'évocation relie le masque à une découverte *macabre*, à la Mort. A la page suivante, nous apprenons que ce masque de velours accompagnait le « déguisement de gitane » endossé par la mère pour se rendre au bal masqué. Par une seconde analogie, voilà le masque, à travers les dédales de la mémoire affective du narrateur, retenir sur lui de puissantes polarités maternelles. Le Masque — symbole de la Mère. Poursuivons notre enquête : au chapitre IX, Paul Servan reçoit la visite d'Annie en costume de gitane, portant le même masque de velours que ses yeux d'enfant n'avaient pu distinguer sur la photographie de sa mère. Le Masque, pour finir, et comme nous le laissait imaginer le rendez-vous sous la fenêtre d'Annie, se transmue en signe de l'Amour.

Il est temps d'invoquer le résumé que fait Bousquet lui-même de son roman dans une lettre du 9 janvier 1933 à son ami Jean Cassou : glosant sur la Femme, « nudité d'outre-tombe » fondatrice de l'homme, Joë a ces mots révélateurs : « C'est ainsi que le masque liait dans la réalité le *souvenir de la mère* et l'*idée de l'amante* », et devançant, en connaisseur émérite de la psychanalyse, les futurs diagnostics, le poète nous suggère qu'en dressant ce rapprochement, il avait à l'esprit le psychiatre viennois : « Freud, oui, mais sans Freud, et *hors de la vie* ». Cela signifie clairement : la Femme aimée prend certes le relais affectif de la mère, mais la névrose possible dans la *vie* se transcende dans l'imaginaire du roman. Une analyse comparable permettrait de confronter à l'objet-masque le paradigme du *manteau bleu* porté par la Mère (p. 48 et revêtu par Annie à la page 141 : « Mon regard avait éveillé sur son manteau bleu de *neige* des souvenirs où ma tendresse était toute baignée. » Cet autre *objet-mannequin* dissémine à travers le texte le *thème* (au sens de Jean-Pierre Richard) de *l'hiver*, saison mentale de Bousquet qui lui rappelle le *paysage d'hiver* de l'Angleterre de ses dix-sept ans réinterprété d'après les *Christmas Carols* de Dickens :

« Comment se fait-il que l'idée de neige soit si exaltante pour moi, qu'elle forme tout le fond de mes rêves les plus émouvants et que je sente l'image de la neige me trahir quand je la charge de représenter, de poétiser et créer une de mes sensations ? » (Lettre à Stéphane Mistler).

La *turquoise* perdue par la Mère (*RS*, 50), retrouvée en rêve dans les mains d'une religieuse (*RS*, 55), épinglée à la cravate du voyageur rencontré dans le train, double allégorique de Paul Servan et revue (*RS*, 113) lors de l'apparition de la religieuse « dans la main de laquelle brillait ainsi d'un même éclat la turquoise qu'elle m'avait présentée en songe (*RS*, 113), véritable *talisman*, ponctue les moments privilégiés de l' « *action* » (souvenir de l'enfance — rêve du train — apparition dans le bureau du cousin Numa) tout en distribuant aux personnages (*mère - religieuse - double*) une sorte de tarot symbolique qui les unit au-delà du rêve, de la réalité et du temps.

Gabriel Bertin dans *Joë Bousquet ou la vie surmontée* (1942), a fort bien rendu compte de l'échange qui s'opère constamment entre l'objet générateur et l'imaginaire de Bousquet : « L'objet le féconde et il féconde l'objet. » Parfois même l'objet se charge d'une dimension prophétique que nous nous proposons de cerner maintenant.

IV. — LA « MORPHOLOGIE DU FATIDIQUE »

Cette expresion de René Nelli dans son étude avertie des *Cahiers internationaux du symbolisme* sur le « Temps imaginaire et ses structures dans l'œuvre poétique » nous met déjà sur la voie : à savoir qu'il va s'agir pour nous de replacer le présage ou le signe prophétique dans la pensée magique de Bousquet sans oublier que ces oracles tracent, à intervalles réguliers dans le roman, les « préparations » du tragique. C'est ce qu'a bien aperçu Nelli lorsqu'il écrit que les « fictions parfaites représentent toujours des *prophéties réalisées* [...]. Le futur y donne un sens au passé dans l'exacte mesure où le passé y détermine le futur [...]. On approfondit une fiction esthétique valable pour y voir le futur *refluer vers le passé* et toute la densité événementielle s'ordonner selon une sorte de *présent* où toutes les parties se correspondent ». On ne s'étonnera nullement que Joë Bousquet, précisément pour mieux accepter sa blessure, se soit vu obligé, selon l'*étalon* de l'*Evénement-Blessure*, de lire et de scruter dans sa vie les indices d'un Destin qui d'accidentel et événementiel devait pour lui infiniser le Temps et devenir tout à la fois intemporel et in-corporel. D'où toujours chez lui cette envie de lire les stigmates de la *Blessure* bien avant son actualisation dans le temps, de la faire prendre racine dans son passé lointain ou d'englober son « destin-mutilé » dans un avenir de l'humanité : « Il s'annonçait un temps où on ne rêverait plus, l'homme étant devenu le rêve » (*Pas.*, 262). Rien de plus normal, donc, que ces témoignages oraculaires se retrouvent comme annonces du Fatum romanesque.

A cet égard, la *Tisane* rassemble un grand nombre de ces intersignes. Paule Duval, au cours d'une visite nocturne au narrateur, se déguise en paysanne pour éviter d'être reconnue dans le village :

« Avec l'idée de la déguiser en paysanne, je me suis mis en quête d'un foulard qui vieillirait sa silhouette en emmitouflant son visage comme son corps. [...] L'étonnement, l'émotion, je ne sais quel sens parfait de l'instant, m'arrachent un cri inexplicable : « Mais tu ressembles à une ramasseuse de sarments » (*TS*, 47).

Or, le narrateur nous avait appris, un peu avant cet épisode, que la Ramasseuse de sarments lui rappelait la menace de la Mort. La conséquence ne se fait guère attendre. « La pauvre petite a été renversée par une camionnette, le lendemain. Le choc a été si rude qu'elle a failli en mourir et elle souffre encore des conséquences de cet accident » (*TS*, 48).

Le second présage pourrait se nommer : présage de la coccinelle. En effet, les taches noires sur la couleur rouge de l'animal se répercutent sur toute une série d'objets appartenant au narrateur, à Paule Deval ou à son fox-terrier : « Je me souvenais d'un présage que j'avais favorablement interprété quelques jours avant. Un soir que je l'attendais, une coccinelle rouge et noire s'était posée sur une manche de mon veston. Au même instant, elle entrait, et je voyais à son poignet un bracelet d'argent pareil à celui de Paule Duval, mais incrusté de cabochons rouges et assimilables par leur forme à l'insecte qui m'avait annoncé sa venue. » (*TS*, 152). Voici l'emblème quasi héraldique couvrir sous la forme d'un foulard les reins du fox-terrier : « Ses frissons soulevaient et déplaçaient sans cesse un foulard de soie rouge à points noirs que ma bonne servante avait étendu sur lui. Quand j'ai voulu remettre cette étoffe en place je me suis aperçu que certaines mouchetures étaient effacées et qu'ailleurs il y avait des taches d'encre » (*TS*, 156). Ces mêmes taches d'encre qui servirent à Paule Deval pour « moucheter à nouveau les cabochons » de son bracelet qu'elle avait auparavant râclés.

Le Passeur présente une autre série d'intersignes qui ont tous trait à l'incendie qui a failli consumer la chambre de l'écrivain : « [...] Distrait par mes comptes (au sujet du prix élevé des gouaches), je venais de jeter l'allumette au hasard [...]. Le brin incandescent était tombé au milieu de la paille qu'il avait enflammée avant que le tout ne s'éteigne sous le même flot de fumée. [...] Je me souvins soudain que la toile de Paalen s'appelait « L'incendie ». Et c'est ce rapprochement qui me fit frémir comme s'il ajoutait au danger couru l'élément de certitude qui le confirmait au moins sous l'angle de la menace » (*Pas.*, 234). La chaîne des manifestations de l'intersigne s'achève par un incendie déclaré dans le voisinage.

Dans *Iris et Petite Fumée*, ces phénomènes s'inscrivent mieux dans le système narratif lui-même et servent de préparations dramatiques à la lente escalade du tragique.

Un mégot maculé de fard témoigne, dès la première entrevue entre le médecin et M. Sureau, d'une présence féminine ambiante que le roman donnera à découvrir chapitre après chapitre (*IP,* 23).

Une caisse à la forme d'un cercueil émeut le médecin et laisse présager le spectacle macabre du mannequin de femme cloué dans son cercueil, annonçant la mort de M. Sureau (*IP,* 136). Cette apparition a été préparée par la vue « d'un mannequin de femme qui, privé de ses vêtements, gisait au fond d'une vitrine » (*IP,* 95). Le médecin-narrateur se voit ainsi assigner un rôle d'haruspice et de metteur en scène de tous ces menus indices recéleurs d'émotion, provoquant et faisant travailler son imagination acharnée à leur trouver un point commun. Effets de prolepse narrative, anticipant sur le drame en train de se jouer, ils n'en forment pas moins une sorte « d'espace ensorcelé » (12), une opération d'envoûtement magique dans laquelle sont circonscrits personnages et objets qui en dépendent.

Si comme le remarque René Nelli, toujours dans la même étude, « presque toutes les fictions sont fatalistes », elles le doivent à la concordance réussie de cette instance du Fatidique et du rythme particulier que scande le temps imaginaire ou fictif.

VI. — LE TEMPS IMAGINAIRE ET SES STRUCTURES

Ce *temps imaginaire,* la plupart des critiques (Nelli, Genette, Ricardou) le définissent comme celui de la durée de « l'action idéale » (13) opposé au temps matériel de la lecture. L'analyse du *Rendez-vous* et de *La Tisane* va nous fournir l'occasion d'un examen minutieux de cette *notion.* Le départ de Paul Servan en quête du rêve d'Annie a lieu au moment du « jeune hiver », dès les premiers jours de novembre (*RS,* 13). Son retour à Calebombe se fait « la dernière nuit de l'hiver » (*RS,* 110). Onze mois, presque une année, ont donc séparé l'éloignement du héros de sa ville natale de son retour. Les péripéties de ce voyage ne sont guère pointées avec précision dans le calendrier du roman. Quelques rares indications : « le lendemain », « un autre jour », « une heure après » donnent au lecteur des points de repère temporel. On aura saisi cette parcimonie quand l'on saura que le *temps vécu* par Paul Servan, tout « intérieur » et psychologique, se nourrit de la substance du *rêve,* de l'*extase,* de la mémoire affective aussi. La durée que passe le protagoniste à guetter la lumière de la maison d'Annie, au milieu d'un terrain vague, comporte une valeur émotive tellement riche qu'elle équivaut aux mois passés à sa poursuite. Au contraire, le temps romanesque de *La Tisane* est rythmé sans cesse par des ancrages temporels, ne serait-ce que par ceux qui tiennent le journal de l'écriture du narrateur. *La Tisane de sarments,* ressemblant beaucoup en cela aux journaliers de Joë Bousquet, dégage une même respiration temporelle : « A huit heures, j'ai jeté les yeux sur ce que j'avais écrit dans l'après-

---

(12) Jean RICARDOU, *Le Nouveau Roman, op. cit.,* p. 57.
(13) NELLI, « Le Temps imaginaire et ses structures dans l'œuvre poétique », *Les Cahiers internationaux du Symbolisme.*

midi » (*TS*, 70). Quant à la durée de l'action qui mime la gesta-
tion du roman en train de s'écrire, elle s'étale sur une année,
marquée par le retour de l'insecte même, notée le 12 mars : « Le
printemps sortait à peine de la neige et Françoise apportait
des bûches dans un panier. J'ai pensé que le retour de la belle
saison me serait annoncé, comme tous les ans, par le vol crépi-
tant de ce coléoptère rouge qui monte de la cave, au mois de
mars, avec le bois où il a dormi tout l'hiver » (*TS*, 10). Le roman
s'achève sur le même indice : « Hier soir, j'avais vu se poser
près de moi sur un jeu de cartes la petite bête rouge qui m'annonce le retour du printemps, le 18 janvier. » Donc, un laps de
temps de onze mois beaucoup mieux scandé dans son écoule-
ment. Un plus grand soin de vraisemblabiliser le récit qui ne
s'en heurte pas moins, comme dans le *Rendez-vous,* au temps
second de l'hallucination, de l'onirisme ambiant qui retient
le potentiel émotionnel d'instants en marge de la réalité.

Mais ce temps fictif de la narration n'a d'efficace que conforté
par la structure du roman lui-même, aboutissant alors par une
symétrisation parfaite des « éléments symbolico-significateurs »
à cette « musique du destin » qui rejoint sur ce plan-là le
Fatidique.

Le *Rendez-vous* comporte une forte structuration des événements significateurs ou signifiants. Le roman étant calqué
sur une quête, les *moments*-clés de cette recherche seront placés
par couples opposés sur l'axe de la narration : séparation-
rencontre d'Annie dans l'extase ; retour-rencontre d'Annie dans
la réalité, mort d'Annie. Entre ces deux points culminants de
l'intrigue, le voyage en train matérialise la quête par l'intermédiaire des symboles (*turquoise*-double antagoniste, *orange*),
substituts de l'objet du Désir.

« Histoire merveilleuse », ainsi l'indique le sous-titre du
manuscrit (*TS*, 246) (14), le *Rendez-vous* reproduit presque terme
à terme les fonctions actancielles mises à jour par Propp dans
sa *Morphologie du conte :* interdiction est prononcée au héros :
ici, en l'occurrence, l'interdiction par le père d'Annie de revoir
sa fille et l'ordre de quitter la *ville ;* il s'ensuit le *Départ* de
Paul Servan, sa mise à l'*épreuve* (l'Attente de la jeune fille
aimée derrière sa fenêtre) ; la Marque, don reçu par le héros
(ici le Masque de velours) ; le Retour suivi de la *Récompense*
(les sept-cent mille francs de l'héritage de l'oncle annoncé par le

---

(14) Appartenant à Mme Jeanne Ducellier et que nous avons consulté dans le détail.

cousin Maître Numa Malebranche). Cela ne prouve nullement que Bousquet ait eu en l'esprit un schéma quelconque, mais plutôt que sa parfaite connaissance des contes dont nous reparlerons fécondait son imagination créatrice.

La Tisane développe un itinéraire narratif beaucoup plus simple, obéissant au groupement ternaire des chapitres.

La première série d'événements s'ordonne autour du personnage de Paule Duval qui polarise l'attention du narrataire dans la première partie : il s'agit de l'asphyxie dont elle a été victime (*TS*, 15), suivie d'un accident survenu après la mise en branle de la Mort, sous le symbole de la *Ramasseuse de sarments.*

La seconde partie s'ouvre par la rencontre que fait le narrateur de Paule Deval, amie d'enfance de la précédente figure féminine, héroïne qui illumine dès lors les rêves érotiques de l'écrivain (*TS*, 108).

La troisième et dernière partie culmine dans la déchéance surmontée : Paule Deval épouse le docteur Bernard et la mort de Sabbas signifie certainement la mort symbolique de l'auteur à une réalité trop désespérante.

Cependant ces deux « poèmes narratifs », selon l'expression de René Nelli, ne se modèlent pas uniquement sur une scénographie aussi « naïve ». Trois *séquences* — pauses temporelles où afflue la tension dramatique — jouent un rôle de « modèles » narratifs relativement autonomes à chacun des moments cruciaux de l'action.

Dans le *Rendez-vous,* trois soirées ou nuits (chacune se dilatant dans des phénomènes extatiques, oniriques ou hallucinatoires) créent ce *temps second* que nous évoquions plus haut où Paul Servan se trouve aux prises avec l'image onirique ou l'apparition de sa bien-aimée : « Le dos collé à cette maison qui était certainement celle d'Annie, me confiais-je, une des demeures d'Annie, je me tenais immobile, comme noyé » (*RS*, 43). L'autre séquence se déroule dans le bureau du cousin notaire après que ce dernier lui eut appris sa succession et l'intention qu'avait eue Annie d'entrer au couvent. Alors apparaît Annie, dans un phénomène quasi somnambulique où Paul Servan se métamorphose en rêve et modèle sur son corps celui d'Annie :

Assis devant mon cousin endormi, sous une nuit à chaque instant plus épaisse, je trouvais un soulagement infini à découvrir dans le rayon de mon regard une lueur bleutée autour de laquelle le vertige intérieur dont j'étais plein soulevait le voile de son irréalité. [...] Il me sembla que, divisant l'ombre où mon anxiété avait fait surgir le rayon bleu, la chair pâle d'Annie se montrait à moi [...] » (*RS*, 112).

La dernière nuit qui clôt d'ailleurs le roman est celle du meurtre symbolique d'Annie. Après des retrouvailles passionnées, le récit de ses aléas, Paul Servan, dans l'obscurité de sa chambre, s'endort et s'éveille en sursaut croyant avoir étranglé de ses mains « la Belle d'outre-tombe ». Le lendemain le rêve se réalise, à la grande épouvante de Paul Servan, mêlée d'une secrète jouissance : « Annie : C'est hier qu'effrayé par ton silence, j'ai quitté la chambre où tu m'avais laissé, et que je t'ai trouvée, couchée de tout ton long, nue dans l'image de la mort [...] » (*RS,* 150).

De la même manière, dans *La Tisane,* trois séquences, chacune d'elles au cœur d'une des trois parties, irradient d'émotion prolongée et entretiennent entre elles des liens symboliques évidents.

Nous avons affaire au déguisement de Paule Duval en « ramasseuse de sarments » (*TS,* 47) qui fait écho à la dénudation de Paule Deval devant le narrateur et son médecin (*TS,* 198), prétextant d'imiter le vêtement des vieilles paysannes. Le rêve de l'exhumation de Paule Duval constitue la troisième séquence, le narrateur en appelant inconsciemment à la fidélité innocente de sa première jeune amie. Trois plans du temps imaginaire qui se recoupent en d'adéquates symétries qu'analyse avec beaucoup de justesse René Nelli dans son *Bousquet, sa vie, son œuvre* (p. 182-3) :

« Il y a, dans *La Tisane de sarments,* trois plans de réalité, trois plans de signification, trois fois trois personnages. Un monde réel, un monde second, un monde prophétique [...]. Le monde second, c'est le même, en tant qu'il passe, précisément, à l'imaginaire objectif. Le monde onirique enfin, ou hallucinatoire, c'est celui auquel accèdent les deux autres, quand ils n'empruntent plus leur consistance qu'à cette sémantique qui prend la place du personnage Je. »

Bousquet a souvent écrit que la personne n'a de sens que soulevée par l'*événement* qui lui donne naissance. Cette thèse vérifiée par la phénoménologie moderne nous amène à consacrer notre attention aux personnages des romans bousquetiens, tous intimement liés aux événements où ils apparaissent.

VII. — LES PERSONNAGES ET LEURS COUPLES DIALECTIQUES

Il serait possible de dresser une grammaire des « actants » chez Bousquet, telle qu'ont essayé de l'établir T. Todorov puis Claude Brémont. Il n'est pas dans notre intention de le faire car nous pensons que la richesse psychologique des personnages romanesques, à fortiori chez Bousquet, va à l'opposé d'une telle méthode. Nous y aurons pourtant recours le temps de montrer que les personnages bousquetiens se disposent et entrent dans le cadre d'un paradigme unique que l'on pourrait indiquer par le graphe suivant :

$$O \text{ (Opposant)}$$

$$F1 \text{ Figure féminine idéale}$$
$$\text{(polarité maternelle)}$$

$$A \text{ (Adjuvant)} \quad N \text{ (Narrateur-actant)}$$

$$F2 \text{ Figure féminine terrestre}$$

$$N1 \text{ (Double symbolique)}$$

Le narrateur, parfois dédoublé (c'est le cas dans *La Tisane* avec Sabbas-Dom Bassa), aidé dans son travail d'écrivain ou ses entreprises de séduction par un ami-intime, auxiliaire de ses désirs (Jean-Francis dans *Le Passeur*), ou entravé dans ses desseins par un personnage antipathique (le docteur Bernard dans *La Tisane*, Aimé Bémolle dans *Le Passeur*), opposant, part à la conquête d'une figure féminine dans tous les cas scindée en deux polarités, l'une idéale et maternelle (Azolaïs de *La Fiancée du Vent*, la *Mère* du *Rendez-vous*, Paule Duval dans *La Tisane*, Elsie du *Passeur*, Iris dans *Iris et Petite Fumée*).

Voilà pour le schéma global qui s'applique en effet à tous les romans sans exception. Il reste à observer de plus près maintenant ces couples dialectiques féminins et ceux qui se rattachent plus ou moins au personnage du narrateur.

Une première remarque s'impose. Le personnage bousquetien ne possède ni la solidité du personnage balzacien ni l'anonymat protoplasmique des voix de Nathalie Sarraute. Portraituré traditionnellement, le personnage bousquetien se présente très souvent comme l'ombre-portée du narrateur ou l'image au sens rétinien de son extravagance imaginaire. Disons tout de suite qu'il n'est guère stable, mais toujours emporté dans d'étranges mouvements stroboscopiques ou cinégraphiques. Instantané filmique, cette silhouette récupérée du temps perdu : « Je vois une femme en robe blanche qui descend un escalier dont son ombre remonte les marches, et s'enfonce dans la nuit qui s'est à peine ouverte sur les pierreries de son collier et la soie vivante de son vêtement » (*TS*, 80).

Ou l'hésitation qui fait superposer l'apparition simultanée de Paule Duval et son amie Paule Deval : « Ses livres près de moi je patientais depuis plus d'une heure quand, du sentier qu'elle avait pris pour s'éloigner, j'ai vu surgir une robe jaune. S'avançait vivement vers moi une jeune fille que je pris tout d'abord pour Paule Duval. De ce même élan qu'elle avait jadis pour échapper aux siens, elle revenait vers l'endroit de ce monde où je pensais à l'amour. Mon erreur fut de courte durée » (*TS*, 146).

Les personnages ont d'autant plus d'épaisseur qu'ils sont, comme on le voit, confrontés à leur double, formant ainsi un couple réversible matérialisé dans l'anagramme phonématique : Sabbas-Dom Bassa.

On sait que Joë Bousquet avait fondé sur cette lecture dans les deux sens une théorie de la sodomie verbale explicitée dans les lettres à Hans Bellmer, et résumée par ce dernier dans l'*Anatomie de l'Image* : « sodomiser le verbe jusqu'à ce qu'apparaisse, parfaite comme l'androgyne, la phrase rare qui, lue en aval comme en amont (c'est-à-dire femme et homme) conserve indéfectiblement son sens ». Comme les noms identiques, à une lettre près, des deux héroïnes de *La Tisane*, la correction du *u* en *e* marquent comme la réitération de la même aventure, la quête de la même figure féminine — gauchie quelque peu par le changement de la voyelle (on passerait dans le spectre phonétique de la douceur à la fermeté, de l'ouverture à la fermeture) — dénotait la nouveauté du personnage. Le prénom de Mygale (araignée, en langue d'oc), avec lequel le narrateur du *Passeur* signait ses lettres à Elsie, rebaptisé Myriam, restitue le modèle phonique de l'Androgyne. Il serait possible, sur ce plan, de relever toute une onomastique imaginaire des pré-noms ou patronymes dans l'univers romanesque de Bousquet. Les personnages masculins portent la plupart du temps un nom qui mime leur caractère ou les qualités attribuées par le romancier : M. Sureau, comme Valéry à l'époque dénommait ses personnages M. Teste ou Carlo Suarès M. Coucou, désigne la moelle du *sureau* qui possède des vertus médicinales (15), ainsi le personnage est-il désigné dans son être-de-malade. Aimé Bémolle, le journaliste politicard du *Passeur* et rival du narrateur auprès de Myriam, le dénigrement à la bouche, se voit ridiculisé par un patronyme musical (Bé-mol) qui convient peu à sa lourdeur d'esprit et à son poids physique. Nombre de prénoms féminins commencent par la lettre M : Miauline, Myriam-Mygale comme le prénom de la jeune femme de Béziers à l'insouciance de qui Joë Bousquet doit sa blessure : Marthe Marquié.

René Nelli a déjà signalé (*op. cit.*, p. 177) l'homogénéité actantielle du narrateur et de ses doubles dans *La Tisane* : « Il est évident que « Je », Dom Bassa et Sabbas sont un seul et même personnage en trois personnes [...]. » Que le rôdeur maléfique qui excite le vice du narrateur en lui fournissant sa drogue constitue le penchant du narrateur à l'anéantissement, nous sommes sur ce point entièrement d'accord avec Nelli et tout le prouverait abondamment ; que Dom Bassa — le moine troubadour, attentif à son œuvre et à ses traités philosophiques comme le narrateur traducteur de sa pensée l'est à son journal — ouvre à celui-ci les perspectives de « l'exaltation spirituelle » — rien n'est plus vrai, mais nous pensons que, si ces deux *virtualités* remplissent dans le roman un rôle à situer l'un, Sabbas, dans la réalité quotidienne, l'autre, Dom Bassa, dans un monde second et parfois prophétique — encore qu'à la fin Sabbas le rejoigne par sa mort cruelle et mythique, tué par le cheval noir du Temps —, leurs chemins s'entrecroisent dans la tentation diabolique qu'ils offrent par exemple au Je-narrateur.

Lorsque le narrateur tient à donner un visage à Dom Bassa, c'est au prévenu de sa jeunesse qu'il a recours, au « rôdeur prématurément vieilli, à la voix lente et obscure » (*TS*, 42). Cet homme n'est pas sans rappeler le « malfaiteur » Sabbas, contrebandier, peut-être auteur d'un crime, qui a régulièrement maille à partir avec la maréchaussée (*TS*, 27). Ses yeux « bleu pâle » participent de « l'horreur qu'il inspire » (le manuscrit de *La Tisane*, p. 27, lui prête les traits de Michel Strogoff). Or, malgré ses habits de moine, Dom Bassa concilie la vie contemplative avec un satanisme dont nous retrouvons tous les indices chez Pierre Clergue, le curé de Montaillou cher à Emmanuel

---

(15) Nous devons ces rapprochements et cette hypothèse très solide à Xavier BORDES dans sa remarquable étude : *Blessure et Connaissance*.

Le Roy Ladurie (16), « sabreur de femmes », qui organisait des messes noires en compagnie de sa maîtresse Béatrix de Planissol : « Dom Bassa fit un pacte avec le diable qui lui enseigna le moyen de commettre avec celle qu'il aimait le crime de sodomie... » (*TS*, 81). Mais Dom Bassa échappant aux griffes du Malin meurt en odeur de sainteté après quoi « on s'empressa d'enterrer sous son nom un condamné à mort » (*TS*, 84). Comme on le voit, Sabbas et Dom Bassa, assument, chacun dans sa propre sphère, un destin satanique que l'un accomplit avec le fruit de ses maraudes, l'autre en théologien, déjà avant Bataille, de la négativité : « Cette passion fabuleuse (de la geste voluptueuse inspirée par la sodomie dom bassienne) est la négation du monde et même la négation de l'humanité dans l'amour » (*TS*, 84).

Ce couple dialectique se construit sur ses ressemblances. Celui qui met en place M. Sureau et son médecin décrit, tout au long du roman, une courbe asymptotique : le médecin positiviste parvient à partager la « bizarrerie » de son malade. N'avoue-t-il pas en effet : « La folie qui m'a gagné à son *contact* était très douce » (*IP*, 76).

Débarrassé de préjugés scientistes, le jeune médecin voit s'ouvrir à lui, à l'égal de M. Sureau, le monde supralogique du songe et des coïncidences : « A travers tous les aspects de la réalité mes songes me donnaient les mains, on aurait dit qu'ils me livraient l'étendue de mon regard comme un *autre moi* que j'aurais fouillé sans le reconnaître » (*IP*, 96). Se sentant presque démultiplié, dédoublé, le médecin se voit envahi par une extase bienheureuse :

« Jamais le vent n'avait été si léger. [...], chaque gorgée de l'air que je respirais avait un goût différent [...]. Je ne marchais pas, l'espace me portait. La terre était aussi légère que moi dans le plaisir que je prenais à la fouler aux pieds. [...] A chaque instant j'allais avec mes sens au fond de la douceur de vivre, j'entendais, j'y voyais... Nulle part il n'y avait de place pour ce qui n'était pas et ma chair, et elle seule, était tout le songe » (*IP*, 98).

La fréquentation du vieux malade fantasque l'a décapé de tous les raisonnements scolastiques et cartésiens. Ayant dépassé son point de vue « objectif » d'observateur, d' « historiographe », fasciné jusqu'à s'identifier aux délires de l'infirme, le

---

(16) Dans son *Montaillou, village occitan*, « Bibliothèque des histoires », Gallimard, 1976.

médecin avoue sa circonspection : « Est-ce bien vous, le malade
[...] et moi le médecin ? [...] Jétais sur le point de lui avouer
que je me méfiais de mon métier ; et que même je gardais
rancune à mes connaissances de se montrer impuissantes devant
un cas comme le sien » (*IP*, 119).

Assistant au rituel de l'opium, sa préparation, le docteur
prend aussitôt l'attitude d'un fumeur, communiant avec son
interlocuteur dans une commune rêverie : « Sur l'invitation de
mon malade, j'endossais un kimono et m'étendais comme lui
après avoir disposé sous ma nuque un coussin de cuir, dur
comme du bois » (*IP*, 126). C'est alors que le praticien a la
révélation métaphysique de la nature humaine : « L'homme qui
fumait devant moi s'était rendu davantage le prisonnier de la
matière pour que le ciel soit son otage ; et je comprenais en le
regardant que je n'étais comme 'lui qu'une blessure faite
homme » (*IP*, 126).

Nous avions vu, précédemment, en mettant au jour les procédés de la fiction romanesque, que Bousquet avait su à la fois
préserver l' « objectivité » d'un constat médical et scientifique
et la saisie « de l'intérieur » d'un cas semblable au sien. Cette
double perspective n'a été possible que parce que le médecin,
tout d'abord étranger et réservé à l'égard d'une entreprise dont
il ne mesure pas la portée de sauvegarde, s'identifie à son
malade, devient son complice par contagion affective.

Tous les modes que nous avons examinés : fiction du récit,
focalisation, effets de miroir, objet générateur, Fatidique, temps
imaginaire et actants ne reçoivent leur efficacité que placés dans
un contexte narratif plus large : la *structure onirique* du roman
qui s'insère dans les grandes catégories du récit bousquetien : le
roman à structure onirique, la tentation picaresque du *Médisant
par bonté,* le conte, genre où Bousquet a déployé, sur la fin de
sa vie toute sa science de romancier, véritable « algèbre sensible (16 bis) », le récit autobiographique qui, sur le tard, s'affirme contre le roman comme une appréhension plus authentique de soi-même, sans l'artifice de ce que Xavier Bordes
appelle « un personnage de paille » (*Blessure et connaissance,*
p. 221-2).

(16 bis) Joë Bousquet : « Maurice Blanchot », *Confluences*, p. 182.

III. — LES CATEGORIES DU RECIT

I. — Le roman surréaliste ou onirique

Joë Bousquet fut l'un des premiers à avoir intégré à la structure narrative d'un roman les caractéristiques de l'imagination surréaliste en faisant du récit du rêve l'élément omnipotent de l'intrigue romanesque — Aragon, dans *Le Paysan de Paris,* malgré le « merveilleux urbain » mis au jour, n'avait guère dépassé le « reportage » bien que trempé dans la langue audacieuse et imagée du Surréalisme —. Même son *Anicet ou le panorama - roman* mettait à contribution toutes les recettes du romanesque populaire et son écriture se rapprochait davantage d'un montage « cubiste » que de l'onirisme prégnant (cette « vague de rêves ») qui soulevait l'inventivité du groupe. Breton n'a guère écrit, à proprement parler, de *roman surréaliste : Nadja* et *L'Amour fou* seraient plutôt des *proses surréalistes* analysant des rêves, glosant sur tout matériau autobiographique mis dans la perspective d'une autoanalyse (comme dans *Les Vases comunicants*) ou d'une démarche théoricienne et philosophique. Ainsi Bousquet n'a pas tort de faire part à Jean Cassou dans sa lettre du 18 mars 1931 de son rôle de précurseur dans ce domaine :

« J'ai écrit un autre livre : *Le Rendez-vous d'un soir d'hiver* [...]. Il marque une nouvelle période dans ma vie [...]. C'est, je crois, la première fois (la prétention est grande) qu'une expérience mettons *surréaliste* tire d'elle-même un développement organique où se reconnaisse la *loi intérieure d'un roman.* »

Répétons-le, il ne s'agit pas là de compte-rendus de rêves amplement utilisés par tout le groupe surréaliste (à l'état brut ou transposés littérairement) et également choisis par Bousquet lui-même pour illustrer certains de ses journaux intimes, tel *Le Meneur de lune,* mais bien d'une *structure onirique* d'après quoi s'organise et se ramifie le roman. De la sorte, le portrait du grand-père, vu en songe, dans *La Tisane de sarments* (p. 13), situe le narrateur dans sa lignée familiale et caractérielle par

un biais technique beaucoup plus original que s'il avait eu recours à une généalogie monotone. Plus avant dans le roman,
le rêve de l'exhumation de Paule Duval vient à point nommé
épuiser les ressources métaphoriques, les nœuds de rencontre
entre les deux images féminines de l'ouvrage, et ce à un moment
dramatique crucial où le narrateur a perdu l'espoir de retenir
l'amour de Paule Deval.

Le Mal d'enfance réunit deux rêves (que nous appellerons
rêves de la vieille femme), l'un conté par « Poisson rouge » et
qui la fait se perdre dans le dédale d'un cimetière pris pour une
forêt à la rencontre d'une « femme sans âge » reconnue dans
celui du narrateur comme étant sa grand-mère aux « yeux
durs et glacés » dont les mains le rendent aveugle :

    « Elle avait un visage deux fois plus grand que le mien,
éclairé par d'immenses yeux verts, secs comme des pierres et
brillants comme le jour [...]. Au moment où j'allais perdre connaissance, avec un éclat de rire elle m'a réveillé avant de me
rejeter loin d'elle dans la nuit impénétrable de ses mains que
j'avais un moment senties contre mon visage tandis qu'elles
me repoussaient. J'étais aveugle [...] » (*ME*, 138, 146-147).

Comme on le voit, ces deux rêves successifs, non seulement
tracent leur labyrinthique unité dans l'inconscient des deux
personnages (vieille femme aveugle, enfant aveugle), mais encore instaurent un rappel thématique suffisamment clair au
creux de l'agencement narratif même.

II. — LA TENTATION PICARESQUE

    A l'opposé, semble-t-il, de cette catégorie onirique commune
à l'ensemble romanesque bousquetien, car faisant appel à un
« réalisme » descriptif boursouflé voire hypertrophié, surgit une
tentation picaresque évidente dans *Le Médisant par bonté*.
Entendons-nous bien sur le concept. Nous ne visons pas le
moins du monde, en réinterprétant cette dénomination, un
quelconque héritage du roman picaresque espagnol du siècle
d'or, celui de Matéo Alémán ou Quevedo, bien que la verve
satirique poussée jusqu'à l'absurde, la création verbale, le gros-
sissement délibéré et outré des portraits sensibles dans le picaresque espagnol se retrouvent, toutes proportions gardées, chez
Bousquet. Nous voudrions simplement signaler par ce terme un

usage fantastico-comique de l'ironie et du langage qui rappellerait assez le grotesque bouffon des pastiches du *Virgile travesti* de Scarron. Comment s'est cristallisée cette veine « ubuesque » qui paraît tardive ? Une lecture attentive d'une longue correspondance inédite de Bousquet à l'une de ses égéries carcassonnaises, les *Lettres à Francine,* nous a permis de nous faire une opinion précise à ce sujet. L'humour sarcastique, le coup de pattes, la passion des potins et des ragots étaient conaturels à Bousquet. Pour ce faire, le poète possède dans sa mère une auxiliaire vigilante ; elle l'aide à collecter le matériau vivant qui, transmué, passera souvent dans les « journaliers » ou les romans. Bousquet n'aura plus qu'à se faire le greffier et le porte-voix valeureux des bruits de la ville. On sait combien il était soucieux de consigner sur le vif toutes les menues anecdotes qui lui étaient rapportées : « Conter avec soin tout ce qui se dit au bas d'une journée : en retenir la *morsure* pour *Moucheries* [...] (17) écrit-il dans *Notes d'Inconnaissance* (p. 108). Mais cette entreprise qui a tout l'air de relever des faits quotidiens, revêt une autre dimension quand Bousquet, apportant ses conclusions à un article sur Balzac (18), nous révèle que le modèle balzacien a influencé sa propre typisation de la « physionomie du chef-lieu ».

« [...] je formai un vaste projet : déterminer la vie sociale et l'administration de la petite ville, violer les secrets des comptes en banque, arracher des aveux aux industriels et aux procureurs, aux magistrats, aux avoués, envoyer des émissaires dans les coulisses du tribunal et de la prison : les visages les plus fermés auraient pris de l'éloquence dans le faux-jour des échéances mensuelles et des protêts. Montrer ce qu'étaient les hommes en apprenant moi-même qu'ils ne pouvaient exister sous d'autres traits, ce dessein m'enchantait. »

Voilà tout le mécanisme d'où sortira *Le Médisant.* Comment opère donc Bousquet depuis la nouvelle entendue ou rapportée jusqu'à la cohérence du récit ? Voici l'épisode d'un accident de voiture survenu à un habitué de sa chambre, médecin et littérateur :

« Un ange descend du ciel pour couvrir de ses ailes le docteur, sa femme et sa belle-mère... Il n'en a pas fallu tant à saint Paul pour devenir un apôtre. Il est vrai que saint Paul,

---

(17) *L'Homme dont je mourrai.*
(18) « La comédie humaine appartient à l'avenir », *Europe,* n° 55-56, juillet-août 1950.

était, si l'on en croit Renan, un laid petit juif et qu'une friponne de barbe comme celle du docteur ne doit pas peu contribuer à le rattacher à toutes les vanités de l'existence. »

L'érudition sert ici à exhausser ce menu fait-divers en une sorte de « légende dorée » familière. L'humour naît précisément de toute la panoplie culturelle savamment orchestrée pour rendre compte d'une aussi mince aventure. Les textes précédant *Le Médisant* laissaient parfois affleurer cette veine sarcastique. Voyez le portrait de « la dame de peine » dans *La Tisane* : « Elle ressemblait à un kiosque à musique [...]. Elle avait des yeux bleu cuit, une bouche immangeable, une face passée à la lessive et prête à faire de la dignité avec n'importe quoi. On aurait dit qu'elle était fière d'avoir des moyens d'éternuer. Une tête vraiment à se faire enterrer avec son dentier » (*TS,* 105). Ou celui, de Aimé Bémole, le minable journaliste du *Passeur :* « [...] je le vis à la même place, déshonorant avec sa figure de mendiant obèse l'angle de la pièce où il se tenait droit et la tête nue, silencieux comme une rave » (*Pas.* 125).

Le Médisant ne surgit pas soudainement dans la production de Bousquet ; s'il apporte un ton nouveau dans son œuvre, il a des antécédents : dans certains rires non étouffés, la correspondance et la conversation quotidienne où se forgeait cette « ménippée » satirique.

Mais l'impulsion fut donnée par le séjour carcassonnais d'Aragon. *Le Livre heureux* (« La marguerite de l'eau courante ») nous le laisse clairement entendre : le point de départ du *Médisant* réside dans la curiosité insatisfaite de l'auteur de *Hourrah L'Oural*.

« Aragon se consultait. Il ne quitterait cette petite ville que pour enrichir la littérature d'un type nouveau. Il savait à peu près de quoi serait faite la vie du personnage à décrire. Mais un certain nombre de questions le laissaient encore incertain. De quoi sont faits, se disait-il, les rêves de ces hommes ? De quoi rient-ils ? » (9)

Cette nouvelle « bifurcation » empruntée par Bousquet est-elle si détachée du reste de l'œuvre ? Nous ne le pensons pas. Il ne faudrait surtout pas considérer *Le Médisant* comme, après tant de romans oniriques, une conversion à la « clarté », au réalisme — à une plus grande transparence de la lecture —.

---

(19) *Le Livre heureux,* t. 2, p. 58, Ms inédit, B. M. de Marseille.

Xavier Bordes a tout à fait raison d'affirmer que « le Médisant est moins un nouveau Théophraste, un La Bruyère moderne qu'un passionné *constructeur de réalité* » (*Blessure et connaissance*, p. 173). Malgré les apparences, une telle tentative ne comporte aucun désir de *mimesis,* aucune sollicitation de la « représentation » de la réalité. Faisant danser ses marionnettes, Bousquet organise sa mise en scène d'une manière quasiment fantastique. C'est bien le souhait qu'il formule à Jean Ballard dans une lettre du 3 mai 1944 : « Vous verrez que ces pages (le Médisant) inaugurent pour moi une expérience [...] après un flirt avec La Bruyère je suis mené tout droit vers Perrault — mais d'une façon qui satisfait pleinement mon goût d'Eichendorff et Jean Paul. »

Cela n'empêche pas Bousquet, grâce à l'ossature du *Médisant,* de pasticher La Bruyère et Balzac : chacun de ses chapitres collectionne des figures hautes en couleur en suivant l'organisation socio-professionnelle de la *Comédie humaine* et la typisation de l'auteur des *Caractères* : médecins, magistrats, bourgeoisie de la vigne, aristocratie, femmes, maris, célibataires, avares, prodigues...

La « série » des miséreux nous plonge dans le picaresque à l'état pur, met en scène des silhouettes que l'on croirait extraites du *Guzman de Alfarache* par l'inventivité dont elles font preuve à mendier : « Deux groupes ennemis, les rats et les carabins, composent cette traînée de pauvres dont la queue déroulée dans une rue adjacente s'accroît longtemps de nouveaux venus [...]. » La Rate conte une histoire de mendiants :

« Autrefois, il était un riche qui paraissait sûr de lui. Chaque dimanche, devant l'église, il m'allongeait cinq sous, avec lesquels j'achetais deux litres avant d'aller à vêpres. [...] Le dimanche après, comme il n'ajoutait rien à ses cinq sous, je lui fais réclamation : « Comment, s'écrie-t-il, impudent ! Est-ce moi que mes dons obligent ? » [...] En quittant la paroisse, j'ai changé d'habitudes. Je n'ai plus été une mendiante régulière. Mais je connais les riches L'aumône qu'ils font n'est pas l'aumône. C'est une façon qu'ils ont inventée » (*MB*, 129).

La seconde saynète nous transporte dans le milieu médical que connaissait parfaitement Bousquet pour y avoir compté son père, son oncle maternel Jean Gally, son cousin Adrien Gally. Deux médecins, le docteur Janvier, jeune médecin et son vieux confrère le docteur Magrou sont appelés au chevet d'un jeune enfant qu'ils estiment perdu. L'un, interrogé par les parents,

« leur prédit même le jour et l'heure où il entrera dans le co-
ma ». Le vieux médecin veut laisser la chance à l'espoir et ne
prédit rien, s'en allant en s'exclamant sur l'état du malade :
« Hem ! hem ! ». Voici la suite de la scène : « Les parents ont
perdu leur fils à l'heure fixée par le docteur Janvier. Il leur a
adressé quelques paroles de réconfort quand ils sont venus le
payer, et leur a discrètement rappelé qu'il avait prévu le
malheur. Ils lui ont répondu qu'ils y étaient préparés : « Quand
M. Magrou, dit le père, a fait « Hem ! hem ! », nous avons bien
compris que l'enfant était perdu. »

Pareille discordance entre la signification des paroles et
celle des actes ou des pensées reste bien dans le domaine des
imprévus comiques que Bousquet se plaisait à faire avouer à
la réalité de tous les jours. De la même façon, et selon les
termes de René Nelli (20) à propos des perles de Sylvie :

« [ce sont] les machinations du réel qui pensent à notre
place. Tous les éclairages ne conviennent pas aux bijoux de
Sylvie. Elle promène ses perles le matin. Un jour, elle a rencontré une amie de pension qui faisait son marché. Elle l'a arrêtée
pour lui demander des nouvelles de son mari qui va mourir.
Et, devinant toute la misère cachée dans sa timidité, elle l'a
suivie [...] chez le boucher, Sylvie ne s'est plus contenue. Pendant que l'amie fouillait dans son sac pour payer la tranche
qu'il fallait au tuberculeux, elle a vivement posé sur le comptoir
la somme demandée. [...] La pauvre femme, pour se défaire
de cet argent, a eu l'idée de le planter dans le décolleté de la
bourgeoise. A l'endroit où brillaient les perles, entre la poitrine
et le bord de la blouse, elle a plongé les papiers avec tant de
force que le fil du collier s'est rompu [...]. »

La charité mal comprise fait éclater le symbole de la richesse
étalée par Sylvie à son cou. C'est au *poétique,* comme l'écrit
en substance Nelli, de mettre en valeur les malices du « *réel
objectif* ». Sur ce plan, la « médisance », forme d'esprit très
proche du *désir* romanesque, se veut une curiosité créatrice.
La Note sur la Médisance (MB, 222-223) murmure que nous
avons affaire à une *compensation* d'infirme :

« S'intéresser aux autres est un art malaisé [...] mais il faut
craindre ceux qui n'ont pas d'autre *façon de vivre* et qui sont
attachés à ce que font leurs semblables comme un rhumatisant

---

(20) *Poésie ouverte, poésie fermée,* Cahiers du Sud, p. 40.

à sa chaise : goutteux et abonnés des hebdomadaires à ragots, qui sont sacrifiés au bonheur des heureux et espèrent se réjouir de leurs souffrances. »

Nous avons vu la conversation de Bousquet (L'interlocuteur d'Aragon dans *La Marguerite de l'eau courante* écrit à ce propos : « [...] il connaît la langue, encore qu'il écrive moins bien qu'il ne parle, ce qui n'est pas si banal. ») (21) déboucher sur une saisie ironique du réel et des êtres : elle ne manquait pas aussi de verser dans le récit d'histoires plus ou moins vraisemblables. Répondant à une lettre du 3 janvier 1947 concernant *Le Roi du sel*, Jean Ballard fait allusion au « Joë conteur si amusant, si juteux d'histoires ».

III. — Le conte

Le conte lui est en effet apparu très tôt comme un genre susceptible de mieux convenir à sa pente naturelle de « raconteur » et de mieux disposer les lignes de force de son monde imaginaire. Dès 1934, Bousquet confie à Jean Cassou « son désir d'écrire des contes, tu verras sous quelle forme ils apparaîtront, montrant les hommes et les plantes et les bêtes à l'extrême horizon d'une voix exténuée avec des « il y avait » et des « on voyait » d'homme aveugle et d'homme *glacé* ». Nous sommes en mesure, en confrontant dans la correspondance à Jean Mistler, qui s'élabore peu à peu, sa conception du *conte* aux *réalisations* qu'il nous ait laissées, de juger d'une part de ses recherches formelles sur le récit et la symbolisation de sa mythologie personnelle, d'autant que son ambition n'est pas mince : « Si mes contes ne doivent pas renouveler le genre, ils ne valent pas la peine d'être écrits. » (22) Ses lectures de la littérature populaire et des contes merveilleux lui ont permis de *transposer* dans ses propres contes les procédés narratifs et la poétisation féerique des conteurs les plus divers : *Le Bréviaire bleu* ne recense-t-il pas, dans le *Bréviaire bleu*, parmi ses programmes de lecture, les *contes* d'Andersen, les *Mille et*

---

(21) *La Marguerite de l'eau courante*, p. 41.
(22) *Lettre à Stéphane et à Jean*, p. 159. — René NELLI a publié depuis lors (décembre 1977) *Le Roi du Sel*, Albin-Michel. Cf. notre article : « L'irruption du merveilleux dans le quotidien », *La Quinzaine littéraire*, n° 272, p. 7-8.

une nuits, Perrault, sans compter, dans d'autres « journaliers », sa grande perméabilité à la littérature fantastique : une page entière analyse *La Chute de la Maison Usher* d'Edgar Poë. On aura une idée précise de sa manière d'aborder les contes et de se les « annexer » par ce projet qu'il propose à l'auteur de *Châteaux en Bavière* :

« Je prends ou tu prends quelques recueils de folklore, genre Bladé, j'en ai beaucoup. Nous choisissons cinq ou six contes oraux et les faisons taper en les simplifiant. A cinq ou six écrivains, on répartit les contes, en exigeant qu'ils les réduisent et les poncent, y fassent percer les « cinq pointes de l'étoile ». Tu écris une préface de quatre ou cinq pages. En fait, recommencer ce qu'a fait Perrault. »

Les contes de Bousquet — les quelques extraits du *Roi du sel* publiés dans la revue *Quadrige* ou dans les *Cahiers du Sud,* ceux rassemblés sous le titre : *Le Fruit dont l'ombre est la saveur,* d'autres réunis après sa mort dans *Le Mal du soir* (23) — comportent une extrême diversité stylistique, les uns bâtis sur tout un support autobiographique, les autres, tel *Invention du Drapeau,* basculant dans le comique picaresque, se scindent en deux groupes : les « contes-contes », de la dimension d'une nouvelle, les contes-poèmes, beaucoup plus réduits, très proches — en fait — d'un poème en prose (24). Prenons, par exemple, *Homme-chien* (p. 701) qui s'inscrit par ailleurs dans toute une mythologie de l'adolescence violente et où le symbole-organisateur du texte se révèle clairement : « On n'a jamais su ce que cet indigène souhaitait. La peau couleur d'os et dans sa maigreur la mort amère de tous les siens. A moitié homme, un peu chien, mais fort d'exister pour ses frères, se surpassait en leur parlant. » Structurant de part en part ce « conte-poème » un schéma d'oppositions entre l'animalité physique ou psychologique du *chien* et les aspirations de l'Homme : « Craignant la lumière qui conduisait sa vision, il y voyait passer comme une flèche un regard plus vif que le sien, et baissait la tête attendant d'être frappé entre les *épaules.* » D'une part, la veulerie domestiquée de l'animal, de l'autre, la poursuite d'un rêve intérieur de la part humaine de cet étrange monstre homocanin : « Les voitures vides d'un manège tournaient autour de l'homme-chien. Il montait en marche dans l'une ou l'autre afin de

(23) *Cahiers du Sud,* nº 245, 1949, p. 407-410, Les Editions de Minuit, 1947.
    Le Mal du Soir, Bordas, 1953.
(24) Neuf d'entre eux sont collectés dans *Le Sème-chemins, Rougerie,* p. 59-77.

poursuivre un songe qui s'était formé hors de son sommeil. » La cauda reprend pour conclure ce même balancement : « Le dernier des hommes et le meilleur des chiens [...] » Le conte-poème, fortement charpenté autour de mots-thèmes, souvent énigmatique, ne diffère guère par là de l'esthétique du poème en prose surréaliste traditionnel. Le « conte-conte » revêt une forme particulière qui, selon les vœux de Bousquet, apporte un sang neuf au genre quelque peu tombé en désuétude. Deux éléments caractérisent le conte bousquetien : l'absence de narration et un langage « parabolique ». C'est ce que nous allons essayer de déterminer en scrutant deux *contes : Le Ballon de Pierre* et *Peau de Pioche* enchâssés l'un et l'autre dans le conte-matrice du *Roi du sel*. Aucune « narration », simplement un rapide portrait du tailleur de pierres au travail et un dialogue entre ce dernier et le narrateur où se dissimule la « parabole », l'exemplum du conte. « Protégé des quolibets par une enceinte de planches, du matin à la nuit et au fil de la lune quelquefois, il taillait en forme de sphère un bloc de granit et en ôtait au ciseau les plus invisibles aspérités. » Son espoir est d'amarrer une nacelle à cette lourde pierre ronde et de la faire escalader les airs. Répliquant au doute du récitant sur la capacité de s'envoler de son ballon de pierre, Baston accuse le scepticisme des passants : « Dix ans que je travaille [...] pour donner à ce morceau la profondeur d'une jeunesse. J'ai enfermé dans ce bloc le salut de mes mains et de mes yeux. » La para-bole se dégage de la ténacité aveugle du tailleur de pierres : le langage peut transformer les choses, semble suggérer Bous-quet : « Pourtant, il ne s'envole pas. Il y a trop de passants comme toi pour l'appeler une pierre. »

Peau-de-Pioche recèle une dimension parabolique encore plus secrète, enfouie dans le non-dit. Un aveugle, blessé de guerre, tourne du matin au soir des manches d'outils. Sa mère, qui ne s'est pas consolée de la blessure de son fils, lui décrit avec complaisance le monde qui l'entoure : « Des mouettes volent autour des voiles [...]. J'ai fait peindre les murs de l'endroit où tu passes tes journées et il n'y a pas de logement plus beau dans tout le village. » Un jeune visiteur porte tous les jours le pain aux deux reclus. Interrogé par Guillaume sur la crainte qu'il éprouve, le porteur de pain a cette formule : « C'est la nuit où tu es qui me fait peur. » Un jour, Peau-de-Pioche se rend compte que sa mère lui prodigue de pieux mensonges : « [...] L'infirme sut comme s'il ne l'avait jamais ignoré qu'il habitait l'endroit le plus noir et le plus aveugle de

la maison et s'en désespéra pour ce que signifiait cet abandon. »
Ne bénéficiant plus de la visite du jeune garçon, Guillaume
s'enquit auprès de vieux villageois de la destinée du gamin. On
lui apprit qu'il s'appelait, comme lui, Guillaume et qu'il s'était
expatrié. « (Il) reconnut dans ce garçon l'enfant porteur de pain
qui lui avait révélé l'étendue de son malheur, et, peut-être, à
cause de cette révélation, était devenu un homme sans que
l'aveugle vît le temps s'écouler [...]. » L'apologue décalque
assez le destin de Bousquet pour qu'il soit trop utile de s'appe-
santir. Le malheur consiste moins dans l'infirmité de l'aveugle
que dans l'impossibilité de le prendre en charge. Le porteur
de pain — tout comme bien des amis intimes de l'écrivain —
en découvrant à l'aveugle la vérité, l'aide à s'en rendre maître.
A ce stade, le conte construit « avec un chiffre minimum de
mots » (25) jouant de l'ombre du sens, et des sous-entendus,
et d'une narration presque lacunaire, bloquant le temps
— « texte froid » (26), obéissant à une minutie bien réglée, se
veut un équilibre tendu et difficile entre la « fermeture » de
la « poésie-langage » et l'ouverture sur la vie de la « poésie-
fiction ». C'est tout au moins le but vers quoi tendait Bousquet
lorsqu'il confiait à Jean Ballard (27) ses intentions au sujet du
Roi du Sel : « J'ai voulu qu'il soit d'abord l'invention d'une
phrase et la pente vers une expression bien à nous, *parabolique,*
où l'on voit la vérité anticiper sur l'expression de l'idée. »
Le grand nombre d'inédits ne nous permet pas tout à fait de
mesurer l'impact des conceptions de Bousquet sur la poétique
du conte. Le *Roi du Sel* constitue sans doute un cycle où il a pu
mettre tout son génie et son savoir de conteur exceptionnel. Il
n'en reste pas moins qu'après le roman qui lui a causé bien
des déceptions, le conte demeure, avec le journal intime, le
lieu où il est parvenu à déployer tout à la fois son goût du secret
et du mystère, déguiser les tendances de son blason imaginaire
et aiguiser son sens de l'abstraction formelle : en même temps
court à travers lui ce dont il faisait grand cas : « la vérité du
désir. (Les contes) sont les *redresseurs* de l'imagination. » (28)

De l'année 1940 à l'année 1950, Joë Bousquet, délaissant le
roman — « Pourquoi inventer, quand nous avons besoin de
toute notre imagination pour restituer à nos pensées la faculté

---

(25) Ms 1921.
(26) Expression de Joë Bousquet dans une lettre à Jean Mistler, p. 136.
(27) Lettre du 1er décembre 1947.
(28) *Folklore*, nº 52, automne 1946, t. 7, p. 57, compte rendu du *Livre des contes popu-
laires tziganes* par Dora YATES.

de s'égaler à la vie ? » (29) — parce qu'il biaisait avec sa destinée morale, ne s'adonnait plus qu'au conte, à la poésie et au journal intime — ce dernier genre d'exercice ayant depuis toujours eu sa faveur.

IV. — LE RÉCIT AUTOBIOGRAPHIQUE

Il est difficile, pour qui n'a guère consulté les manuscrits, de prendre conscience de l'extraordinaire champ de *possibles* que fournit à Bousquet ce qu'il appelle ses « journaliers ». Ce qui a été publié de ses *journaux, Traduit du Silence* et *Le Meneur de lune,* s'est fait à partir de montages, de découpages taillés dans l'énorme masse de ses cahiers. Ainsi, *Traduit,* fabriqué par Jean Paulhan à partir des quatre volumes manuscrits du *Livre heureux* (30).

De même, *Le Meneur de lune,* confectionné par Jeanne Canudo selon les informations que donne Joë Bousquet dans une lettre à Cassou du 18 décembre 1945 :

« J'ai comuniqué à Jeanne Canudo quatre cents pages d'un journal que je voulais détruire : une série de notations que j'avais voulues trop détachées de moi et qui n'étaient qu'abstraites. [...]. Quand J. C. a parlé de publier, je l'ai priée de retrancher elle-même les pages qui se répétaient ; et elle m'a bientôt envoyé un texte coupé avec beaucoup de discrétion et d'art. J'ai vu bientôt ce qui faisait l'intérêt de la version amaigrie. Les deux premières parties y devenaient nécessaires : l'une rapportant fidèlement ces rêves éveillés que j'ai eus quelques mois, effrayants d'abord, puis familiers [...]. »

Seul, *Mystique,* préparé en vue de la publication, nous procure le texte du « cahier blanc ». Ces *journaliers* ne composent pas uniquement un *journal intime* tel qu'on le conçoit traditionnellement ; rien à voir, par exemple, avec le *Journal* de Gide que ponctuent des réflexions, des notations de lecture datées. Joë Bousquet n'est pas un « diariste ». Sa technique s'apparenterait davantage à celle des *Cahiers* de Valéry, réservoirs de textes à publier, chantier de création. L'auteur de

---

(29) *Le Cahier vert,* Ms inédit, p. 16.
(30) Cf. la note de Jean Paulhan.

La Connaissance du soir manie très souvent le procédé du *transfert* qui consiste à faire passer certains paragraphes liés entre eux par une unité thématique d'un journalier à un autre cahier ou, plus directement, à les introduire dans un roman. Voici une notation au crayon dans les premières pages du *Cahier marron* qui éclairera ce phénomène : « Programme, le 4 avril 1949. Continuer le transfert, en mettant de l'ordre dans les parties précédentes du présent cahier (2 heures) 22 à 24. » Il serait fastidieux de citer tous les passages de *Traduit du Silence* déjà apparus dans l'organisation romanesque du *Passeur s'est endormi*. Un seul exemple suffira : les obsèques du commandant Pujol, ancien officier en garnison à Carcassonne qui fréquentait assidûment la chambre de Bousquet, mort aux colonies, rapportées par James Ducellier, deviennent, dans le roman, celles d'Elsie, racontées par Myriam-Mygale (*Pas.*, 282 ; *TrS*, 204).

Ce récit autobiographique qui possède déjà tous les critères d'un récit romanesque — Aragon ne s'y est pas trompé dans son compte rendu de *Traduit* (31) — se singularise par l'usage toujours plus fréquent de la maxime et de l'aphorisme — cela se vérifie avec plus de force dans les cahiers posthumes que sont *Notes d'Inconnaissance* ou *Langage entier* —. Xavier Bordes remarque avec sagacité qu' « il use de tous les possibles, celui du philosophe, celui du mystique, celui du journaliste, celui du prophète. Tout est bon pour ce langage qui se retourne contre lui-même, qui sans cesse veille à assassiner son propre sens [...] » (32). Langage dépouillé de tous les oripeaux de l'invention, nu et fort comme une lame d'acier, crépitement d'une méditation toute tournée sur elle-même qui n'éprouve plus la nécessité d'être communiquée, comparable à la simplicité mystérieuse d'une parabole biblique, l'aphorisme n'a pas pour mission de plaire mais d'entrouvrir le cheminement d'une inconnaissance : « Quand tu auras dépassé la sensibilité en faisant en toi la Toute-Justice... » (*NI*, 130). Désormais, telle une maxime de La Rochefoucauld, la formule ouvre et propose une ascèse morale. Dialogue de soi à soi, recommandations du *Livre de conduite*, la forme que prendra ce langage en circuit fermé sera, fatalement l'injonction impérative : « Prends Alain, Valéry » (*NI*, 122). Ces « exercices spirituels » ne se cantonnent pas uniquement dans l'ordre de la transformation métaphysique

(31) « La Vie héroïque de *Joë Bousquet* », *Fontaine*, juillet-septembre 1942.
(32) *Blessure et Connaissance*, p. 4.

de soi-même, ils envahissent aussi le calendrier d'une vie programmée, le travail quotidien. L'impératif catégorique se transforme en impératif esthétique. D'où ces étranges programmes de lectures et d'œuvres à mettre en chantier qui sillonnent sans cesse les pages de ces journaliers à la façon d'un emploi du temps de lycéen. Contentons-nous de recopier une page du *Bréviaire bleu,* la page 209, pour mieux faire réaliser la valeur *euphorisante* de tels organigrammes :

Programmes

A) Poèmes : ceux de Maast, d'abord, afin de mieux me livrer aux mots, et des poèmes-contes.

B) Le Tableau noir : ou journal de Maast avec l'arrière-pensée du livre à écrire sur J. P. (Jean Paulhan).

C) Style : Deux contes à ajouter au G. de N., Sylvain, les robes. Relire l'Educ. Sent.

D) La Palme en lisant les conteurs.

E) Pratiquer Montaigne pour un type de lettres familières.

F) Livre d'approfondissement mystique :
Imitation, Sade, Ruysbroeck.

Ces programmes astreignants, d'ailleurs plus ou moins suivis, selon les cas, présentent, entre des points de repère, un quadrillage des temps d'autant plus nécessaire que le *temps vécu* de Joë Bousquet bouscule le temps social des horloges, mais répétant au cours d'un même ou plusieurs journaliers des recommandations à peu près identiques, il faut moins y voir une sorte de manie de la programmation créatrice — décelable également dans les journaux intimes de Stendhal —, que des témoignages du « désir de l'œuvre », autre forme, selon Starobinski, du désir de soi (33).

Ce désir se décèle aussi dans le soin méticuleux — nous allions dire amoureux — que Bousquet met dans *les graphismes* de ses manuscrits. Laissons-le nous commenter l'importance qu'il accorde à la matérialité de l'écriture :

« [...] Il travaille comme un terrassier : il commence un roman sur un carnet de trois cents pages dont le format aura été rapetissé sur ses recommandations. Le voilà qui va commencer un portrait. Pour se rendre plus concis, il prend une

---

(33) *La Relation critique,* p. 280.

plume plus grosse, sûr que l'encombrement des mots lui fera
réduire ses notations ; et veille à souligner par un changement
de couleur du porteplume l'appel d'une nouvelle intention (34). »

Ecriture droite, penchée, plus ou moins pleine ou déliée,
tous les tics graphiques de Bousquet visent à faire de son
texte une partition où se lisent les moindres flexions de la voix.
Bousquet écrit comme il vocaliserait. Titres, sous-titres, mots
soulignés, phrases-bandeaux qui traversent la page de part en
part obliquement ou verticalement, *Mystique* évoque par un
effort typographique adéquat ce désir graphique à l'œuvre dans
ses manuscrits qui font penser à une besogne de bénédictin.
Voici qu'il prévient dès l'entrée sur la signification codée de ses
encres de différentes couleurs : « Sont tracées à l'encre rouge,
les indications dont j'entends n'utiliser que l'*ombre* et qui ne
trouvent que plus loin une occasion de prolonger mon
récit. » (35)

On remarquera, dans le même ordre d'idées, son « délire »
citationnel. Plus qu'il ne cite d'autres écrivains, Bousquet entre-
prend de marquer son discours d'indices citationnels fréquents :
allusions à des *textes* précédents, en cours, ou à venir. Le journal
est en même temps le carnet de bord de l'œuvre complète en
train de s'élaborer comme s'il éprouvait le besoin de se rassurer
de temps à autre sur sa capacité de travail ; Bousquet tient ses
comptes avec le sérieux d'un notaire : « Trois volumes en cours.
Un volume de critique s'élabore lentement. Quatre. Mon journal,
cinq. Le livre bleu, mon livre de vérité. Le galant de neige. » (36)

Ce récit confidentiel tout au moins dans *Traduit* et le *Meneur*
apparaît comme éclaté, fragmenté, étoilé. *Le Meneur de lune*
s'ordonne autour de *micro-récits* dévidant la biographie de
l'adolescent, évoquant les *lieux* de sa mémoire affective : Mar-
seillens (*ML*, 23-54), la vierge noire (allusion à une typhoïde
prémonitoire), le voyage en Angleterre (*ML*, 70-73), l'Homme-
chien (*ML*, 80), la *Blessure* et son récit matriciel ouvrant et
coordonnant l'ensemble, propose un régime de lecture assez
neuf lié à sa structure fragmentaire : « un livre aux chapitres
très courts et que l'on lût comme un récit de voyages » (*ML*).

---

(34) *La Marguerite de l'eau courante, Le Livre heureux,* t. 2, p. 51.
(35) *Ibid,* p. 8.
(36) *Ibid.,* p. 107 Cf. *Le Meneur de lune,* p. 18 : « L'on dirait qu'il utilise pour ses
bizarres confidences la plume d'oie de ceux qui avaient du bien et des Héritiers. »

Traduit du silence semble suivre, de l'avis de son auteur, le flux inverse d'un rapport d'instruction — de l'homme *actuel* — du narrateur à l'épisode-clef de la Blessure — Aragon, toujours dans « La Vie héroïque de Joë Bousquet » qualifiera cet ouvrage de « roman d'amour ». A ce point où les faits véridiques d'une vie hors du commun se mettent en place grâce à la mémoire et au rêve selon l'ordonnance d'une fiction, nous touchons là le nœud central de notre recherche : la vie prend l'allure de l'invention qui tend à s'égaler à elle.

JOË BOUSQUET, CYAMENT

par Xavier Bordes

> — Mais la critique ?
> — La critique n'est bonne à rien. Dans les livres elle ne voit que les livres. (N.I., 55.)

> La couronne que ton moi reçoit de la vie... (N.I., 85.)

Ordinairement, un écrivain se désigne. Il n'attend pas d'un corps étranger une couronne imprévisible, et qui le ferait roi des futures provinces de sa mort.

Ordinairement, un écrivain se ménage un espace littéraire, expression de Blanchot, et cet espace est viable, on peut y loger sa vie, y exister. Creusé dans l'imaginaire, il acquiert par l'écrit une forme de présence concrète qui a la force d'un alibi, qui le justifie. Peut-être n'édite-t-on de nos jours tant de livres, que pour obtenir de toutes les forêts du monde cette justification de plus en plus aléatoire ?

A manier sans rigueur la notion d'*être,* ce qui la dévalue, on l'introduit comme une notion ordinaire dans des questions du genre : je suis, mais pourquoi suis-je ? *Ainsi prétend-on retrouver l'océan* qui a baigné la conque et l'enveloppait d'une immensité qu'elle ne pouvait connaître qu'au prix de sa vie, *en entendant les flots dans la coquille vide.*

La conscience s'évacue elle-même lorsqu'elle dit l'*être* qui l'enveloppe : ce mot n'entre dans un raisonnement causal (intérieur à la conscience) que comme signe se référant à un espace impossible, signe vide, *appel.*

La profondeur béant dans la pensée de Joë Bousquet est en effet un espace impossible. En cela, cette fève de plomb logée au mitan de son corps l'a désigné à la poésie, laquelle fait profession d'être le chant de cette conque humaine en quoi le temps, cataractant, se déverse et trahit un abîme.

Non pas un espace impossible, insistons sur ce point, parce qu'imaginé, relevant de l'imaginaire, comme en relève la figure d'un centaure ou d'un pégase. Impossible parce que, tout en existant selon le mode du langage, cet espace inimaginable s'emploie à corroder l'imagination : semblable à ces figures géométriques que l'imagination ne peut embrasser tout entières sans se retourner contre elle-même, ni renoncer à l'ensemble de ce qui présidait à la construction de l'univers imaginaire qu'elles ont, par un éclair consumant la pensée, fini soudain de refléter.

C'est à Bousquet qu'il fut donné d'incarner cette invivable situation de conscience : « le miroir qui ne réfléchit que le noir », « la tombe creusée dans le vent ».

L'on s'explique que l'écart se soit creusé implacablement entre Bousquet et le Surréalisme en lequel il avait pu se croire un temps accueilli, intégré. Une fusion entre le rêve et le vécu, le surréel, aurait pu lui fournir les moyens de décrire son état à la fois incandescent et glacé : elle y a d'ailleurs contribué. Pourtant, cette contribution a conservé un aspect équivoque à cause de l'interprétation trop hâtivement donnée au style des poèmes de *La Connaissance du soir* ; et parce qu'on fait semblant, commodité critique traditionnelle, d'admettre que *décrire son état* représentait pour le Carcassonnais un objectif littéraire : *Traduit du Silence* s'entendrait un peu comme : traduit du silence du cœur, avec une touche de Romantisme ; le tout évoquant un moyen-terme entre les *Nuits* de Musset et les *Confessions* de Rousseau.

Ce que nous voudrions mettre en lumière, c'est que la mentalité de Bousquet est étrangère tant aux fatrasies du Surréalisme qu'aux épanchements du Romantisme à la française — qui n'a qu'une parenté de surface avec les œuvres des véritables Romantiques, ces Romantiques allemands qu'admirait l'ami Jean Cassou.

Bousquet, pour le plaisir de flirter avec une ambiguïté démoniaque, excitante, et surtout consubstantielle à sa vie, montrait une persévérante estime pour les œuvres de certains surréalistes qu'il dénonçait volontiers en privé comme écrivaillons. Duplicité ? Que non pas ! L'admiration était réelle mais ses fondements autres que ceux des éloges que les surréalistes se décer-

naient mutuellement. Tout reposait sur une équivoque. Bousquet
en racontait d'analogues : il y avait, disait-il, un homme qui
aimait à discourir. Les passants s'attroupaient pour l'écouter
attentivement : ils pariaient entre eux sur le nombre de fois
où leur Démosthène de boulevard lèverait son bras droit, en
déclarant l'index levé : « ... Et moi je vous dit qu'il faut *se le
gagner tout seul !* »

Au vrai, Bousquet d'évidence s'est très vite résigné à cons-
tater que, dans la fusion prétendûment destinée à promouvoir
le *surréel,* l'impossible était régulièrement sacrifié — on songe
au jugement impitoyable de Bousquet sur la manière d'entrer
en politique de Breton et ses compagnons — et que la pratique
surréaliste se bornait à un apprivoisement de l'imaginaire : sa
nouveauté n'avait pas l'aspect radical dont on le créditait
généreusement.

Or, le souci du poète et de l'homme n'était aucunement de
soutirer au langage le *pas encore dit,* comme on l'a fait avec des
fortunes et des techniques diverses : phrases découpées « au
hasard » d'un journal et assemblées, rapprochements fortuits
par la méthode du « cadavre exquis » ou par celle plus subtile
des fameux sonnets aléatoires, aux vers interchangeables, dont
les pataphysiciens firent leurs délices ; ni même de soutirer le
jamais dit que recèle l'inconscient humain, en usant de l'écriture automatique ou de la libre association verbale. Encore
que cet aspect de la parole enfouie, censurée, refoulée, mutilée
avant de venir au jour, l'ait peut-être plus séduit que les jeux
du « hasard » : pour Bousquet il y avait là une technique
susceptible d'être par lui rendue à une plus pure source. Bousquet ne fut pas le seul à remarquer que, pour involontairement
taillés et assemblés qu'ils aient été, nombre de « poèmes décou-
pés » sont visiblement concertés. Moins que tout autre, il ne
s'est jamais retenu d'y voir l'intervention de quelque volonté
inconsciente.

Pour être justes, il nous faut remarquer que nous portons
aujourd'hui sur tout cela un regard dénué d'innocence : l'attitude et la lecture psychanalytique classiques, naïves, nous sont
presque des réflexes mentaux. Une peste, comme Freud l'a
avoué dans une phrase célèbre. Mais Bousquet s'en méfiait autant que nous : il suffit de parcourir ses articles sur Jouve pour
s'en convaincre. Cela rétablit l'équilibre. Et condamne du même
coup une superposition tentante : celle qui assimilerait le *noir*
(de l'être) au noir (de l'inconscient). Et si l'on tente de calquer

le second sur le premier, tant de restrictions sont nécessaires qu'on ne peut prétendre y trouver la clef du vocabulaire bousquetien : Bousquet faisait, en précurseur du psychédélisme, de trop fréquentes incursions dans son inconscient pour ne pas apprécier ce domaine à son exacte valeur.

Le souci de Bousquet, quel était-il donc ? Avant de retracer rapidement son évolution, reconnaissons que par rapport au langage, la grande affaire du « Meneur de lune » se présentait *de biais* : ses relations avec la parole étaient directes, mais ses relations avec le langage étaient tangentes. C'est toujours dans des perspectives extrapolant la question, qu'il interrogeait le langage : ce qui conserve à de telles questions une actualité indépendante des progrès de la linguistique !

Relations à la parole, relations au langage : voilà l'obscurité à laquelle nous voudrions donner un peu de champ présentement, sans redouter les objections que soulève un survol inévitablement sommaire.

Désigné par la blessure, Bousquet aperçut d'abord autour de lui la fiction d'un monde intact. Et il relut toute chose en s'y voyant inscrit sous forme de déficience, à la manière d'un crapaud dans une émeraude. Il se sentait dans le monde l'équivalent de ce que le lingot de plomb était dans son corps. Il ne soupçonnait pas encore que cette relecture lui avait été imposée par une disposition plus ancienne, dont la blessure était moins la cause que la conséquence :

> Mon être est dans le sein du monde comme une plaie que je n'ai pu refermer sans me blesser moi-même.

Son immobilisation, à toute vitesse l'enfonce à travers l'épaisseur irréelle d'un monde auquel ne le retient plus « aucun des souvenirs et des projets qu'on forme sans le savoir » et qui tissent ordinairement pour nous la trame du réel. Au sein d'un incompréhensible tourbillon il coule comme un navire, et comme lui la voie ouverte dans son corps fait communiquer l'intérieur et l'extérieur, le perçu et l'imaginé : autour de lui, étrangement dépourvus d'attaches, « des faits tournent sur eux-mêmes pour l'envelopper ».

Pour regagner la surface d'une existence qui se dérobe et s'élève avec lui, pour se rééquilibrer et retrouver son vrai poids dans l'un des plateaux de l'universelle balance — car « ce que l'homme conçoit comme le jouet de son imagination, il l'est par rapport à l'invisible » — le blessé découvre qu'il ne peut se dispenser d'épouser son mode d'inscription particulier dans le monde. A quoi s'accrocher, avec quel matériau bâtir une union de cette sorte, alors qu'on n'appartient plus à l'ordre de ceux qui peuvent manier la truelle ou le fusil, prendre le train ou exercer une profession concrète ? La société n'a rien prévu pour ceux qu'elle nomme ses « inactifs », sinon un statut, pour Bousquet inacceptable, de retraité, de pensionné, de mutilé Ancien Combattant, de Grand Invalide de Guerre, d'inutile en somme...

Pratiquer un art comme la peinture ou la musique ? Dérision ! Quelle pitié que ces œuvres sans génie, tours de force qui sont plutôt des tours de faiblesse sans remède... Mais il reste le domaine des mots : on peut espérer qu'il leur importe peu que tout un corps soit mutilé si la bouche intacte, ainsi que le bras, la main et le cerveau, sont en mesure de remplir leur office : dire et écrire. Bousquet a donc recours aux mots, aux « noms chargés de doute » mais dont le réseau, à force d'être serré et resserré, lui donne l'espoir de freiner, sinon d'arrêter, cette chute cosmique qui le lance et le maintient au large de tout : « Tombe et sois la main qui te retient ! » Cet espoir se confirme après quelques premiers écrits, et il pense effacer l'impact de sa blessure par « l'intelligence de son destin ».

Mais les mots n'ont jamais été, jusqu'à ce qu'il s'en empare, les outils que de consciences pleines, intactes, ou s'estimant telles : ils ne se prêtent pas sans mal à l'usage d'une conscience en état de manque, déficiente, une conscience qui n'a pu échapper à la blessure de son corps.

Et Bousquet s'aperçoit que dans le paysage de mots dont il cherche à refaire la toile de fond de sa vie, sa blessure qui ne se referme pas laisse une trace sanglante. Il s'en ouvre à des amis, qui s'interrogeaient sur ces écrits bizarrement tournés, mais ne savaient encore rien de son état parce qu'ils n'étaient jamais venus le visiter ; Paul Eluard, Carlo Suarès, Jean Cassou, devant ce langage qui se donne tant de peine pour sembler intact qu'il fait preuve de sa singularité à chaque ligne, posent quelques questions discrètes. Avec son habituelle lucidité, Bousquet réalise que la dissimulation est sans issue. Il avoue son histoire. Et sur cet aveu que ses amis le pressent de consentir à rendre public — ce que le poète accepte — Suarès construit le magnifique article des *Cahiers du Sud* (n° 185) au long duquel il démasque l'Ermite de Carqueyrolles, tout en éclairant par le mal dont il est frappé la *Tisane de Sarments* qui vient de paraître.

Ainsi, l'objectif que le poète s'était fixé parvient à se réaliser en se détachant du boulet dont le grevait un aveu toujours différé. Cet objectif ? « Naturaliser la blessure » : équilibrer, comme nous le disions, l'existence du blessé et l'existence du monde en employant la parole comme fléau de la balance. Autrement dit, il s'agissait pour le mutilé d'insérer volontairement dans le langage — aucunement préparé à cette opération — la blessure par laquelle il avait été, lui Bousquet, introduit dans l'indicible. De donner ainsi *lieu* à l'indicible en obtenant de la parole qu'elle s'engouffrât en elle-même par le mouvement même de son sens, comme le temps s'engouffrait dans son corps blessé : à cause de cette propriété du sens d'avoir en commun avec un corps humain la pensée. Bousquet s'en était d'ailleurs avisé très tôt, mais il ne devait développer sa curiosité sur ce sujet qu'à partir de la lecture des *Fleurs de Tarbes,* de Paulhan.

Par ce processus, recroquevillement du langage sur soi, refermements, circularité — « l'étoile née de son reflet » — l'indicible accédait à un langage propre, langage blessé, certes, mais langage tout de même et qui par une démache éminemment contemporaine reprenait en compte l'erreur comme une valeur, la faille comme un moyen pour « devenir la pensée ».

Une surprise attendait pourtant l'écrivain au bout de ce chemin « dont il était la croix » : « Tous les hommes étaient blessés comme lui ! » — et par suite, tout leur langage était un langage blessé qui n'avait pas encore trouvé le moyen de se faire connaître pour tel. Sous le coup de cette découverte qui le remet à égalité avec le monde, Bousquet exulte, le voici devant le *Livre heureux.* Mais en contrepartie, il se retrouve avec un Joë Bousquet écrivain sur les bras, auquel il doit maintenant fournir d'autres ambitions.

Immédiatement, il projette de lever cette ignorance de la blessure en laquelle vivent les autres, ignorance qui lui semble dans bien des cas la source du malheur des hommes puisqu'elle fut si longtemps et si dramatiquement la source du sien. « Devenir la pensée » évolue peu à peu en un autre mot d'ordre : « Devenir la conscience de ce que je suis. » Ce qui élargit considérablement le « champ d'action » de l'écrivain et le transforme en un domaine original, qui seul peut-être mérite dans l'œuvre de Bousquet l'adjectif : *poétique*. Il sera le domaine de *La Connaissance du Soir*.

Mais à l'occasion de cette égalité retrouvée, avec de la conscience en plus, une autre tâche, ou plutôt un autre rôle se dessine, d'une ampleur et d'un ordre si élevés que le poète s'y découvre enveloppé, prisonnier : lorsqu'on porte en soi la conscience d'un drame, d'une mutilation collective, gigantesque, à l'échelle d'une planète et d'une humanité entières, on ne peut refuser de se joindre à la lignée des boucs émissaires. Le blessé, celui qui (s') est (vu) investi par le désastre — n'employons pas le terme trop marqué de « faute » ou de « péché originel » — est aussi celui qui prend sur lui le désastre par un acte volontaire, dont il va représenter la figure, le mythe. Figure où les autres hommes lisent leur liberté regagnée, le blessé ressemblera à un messie dont l'existence annonce aux autres hommes que « leur responsabilité est illimitée ».

La blessure, marque de la différence, fondement direct du signe dont l'écriture est le lieu privilégié (et l'on pense au célèbre livre de Derrida), s'avère donc en effet originelle, et le blessé dont la « naissance » s'identifie à elle veille sur le sens de l'univers, depuis le point de surgissement de toute vie ; là où ce que St John Perse appelait « l'afflux incessant de l'être » se fait, par une intangible catalyse, *existence* en présence d'une différence impossible avec soi-même. (Qu'on nous pardonne d'en être réduits au jargon en côtoyant un indicible que le mérite fondamental de Bousquet est d'avoir su exprimer mieux que nous, piètres commentateurs !)

Mais que ce terme d'*originel* implique celui de *faute* qui lui est accolé depuis la Bible, voilà une question qui chez Bousquet ne semble pas tranchée avec netteté : la perspective bousquetienne se déclare perpective de salut, sans qu'on puisse affirmer qu'il y ait eu à proprement parler une faute entretenant avec le désastre et le salut des relations de cause à conséquences.

Salut qui n'en relève pas moins d'une filiation dont les archétypes les plus connus de nous sont Prométhée et surtout Jésus-Christ.

> Que le génie de la création apparaisse plus près de nous : telle est la leçon du Christ. Le crime existe un peu moins quand le criminel s'en est chargé... (MYS, 86.)

Cette dernière phrase cependant s'affirme plus une analogie qu'un jugement moral ; nulle-part Bousquet ne soupçonne le personnage du Christ de receler un criminel : sauf à considérer que Dieu lui-même soit le fauteur du « crime ».

Le cadre de ce salut, quel peut-il être ? Bien entendu, ce sera une vie quotidienne d'homme mutilé que sa paralysie a obligé à se hausser jusqu'au royaume des signes, et que l'homme-roi régira du droit de celui qui est lui-même signe intégral. La parole occupe une part considérable de ce royaume, mais non la totalité : les exemples fourmillent d'un Bousquet dont l'activité est d'interpréter les souvenirs qui lui restent de sa vie antérieure au 27 mai 1918 ; toute cette quantité d'événements anciens subit une lecture où le moindre fait reçoit un sens prophétique : l'homme-chien qui mordait les filles, la naissance malaisée, les bottes rouges, la « petite grue » droguée qui lui meurt dans les bras, les amours de soupentes, le goût précoce de détruire : c'est le travail de naturalisation de la plaie.

Par la suite, l'espace inaccessible, les événements environnants, le Carqueyrolles, les potins et les aventures dont on jase, sont à leur tour victimes de cet encodage généralisé. Le rôle du langage augmente. Il ne s'agit plus de visions-souvenirs mais d'informations rapportées par les uns ou les autres, puis consignées et « mises dans leur éclairage ». Voici venu le temps du *Médisant par Bonté.*

Si bien que du salut d'une vie, le blessé en vient naturellement, par le truchement de cette *vie - en - signes,* au salut des seuls signes sur lesquels il soit souverain : ceux de la parole. « Le salut d'une parole », face cachée du *Médisant,* deviendra écrit théorisé. Ce qui implique que consciemment Bousquet attire sur sa parole à lui toutes les déficiences, que ces déficiences ainsi mises en lumière restituent la langue à son intégrité, font du *dit* quelque chose qui n'appartient plus à aucune voix. « Dans chaque parole rôde un mendiant », et « ce qui se dit ... on le dirait reçu » ; l'entreprise conduit en fin de compte à « faire parler la vie »...

En « chargeant le hasard de pensée » (*MYS,* 64) Bousquet se recroise là, plus qu'avec les théories surréalistes chargeant la pensée de hasard, avec des conceptions messianiques : les chrétiens lisant dans l'Ancien Testament les signes annonçant le Christ « chargent de pensée » les paroles, somme toute indéterminées, des prophètes. Et ce Christ sauveur des hommes ne se disait-il pas le Verbe ? N'a-t-il pas pris sur lui de restituer le

monde humain à son innocence d'avant le péché originel ?...
On voit quelle richesse s'offrait au poète, à quelle profondeur
il pouvait en lui rafraîchir tous les mythes du salut que la
terre ait inventés...

Et il ne s'en privera pas. Il restructure à son profit une
matrice ancienne, bien connue des pensées religieuses, celle
des haruspices sauvant leur peuple du hasard en lisant dans
les foies des taureaux immolés (1). Les religions *religieuses*
sont des langages clos, convenus et fermés, auxquels la foi
aveugle dissimule les béances du doute et de l'erreur ; auxquels
en somme le Sauveur a mis le point final, par la grâce d'apôtres
zélés qui ont su colmater la moindre de ses inconséquences, de
ses paroles contradictoires, à coup de dogmes dont le trait
essentiel est l'indiscutabilité, l'infaillibilité d'interprétation.

Plus subtil, Bousquet dénonce le dogme comme une duperie ;
la parole « est là pour boucher le trou » certes, mais ce colma-
tage n'est pas inaltérable. Il ne vaut que dans l'instant de la
profération. Pas question de s'en remettre à lui pour les siècles
des siècles. Cela justifie le rejet de tous les systèmes, dont on
ne doit user que momentanément et pour répondre à des besoins immédiats. Ne nous étonnons donc pas que ses interlo-
cuteurs aient eu parfois de la peine à suivre un cerveau pour
lequel Maître Eckhart et Novalis, Spinoza et Karl Marx, Platon
et Raymond Lulle, Kant et St Augustin, Jacob Boehme et C.
Suarès, Daumal et Breton (etc.) étaient principalement des
fournisseurs d'arguments au sein d'une dialectique changeante
qui ne craignait pas d'obliger éventuellement Nietzsche, Descartes, Hegel, Thérèse d'Avila, Suso, à faire ensemble bon
ménage !

Cette matrice ancienne du *salut*, Bousquet y trouve donc un
outil, un moyen d'unification de notre approche de l'univers.
Déplaçant la faille traditionnelle qui séparait le spirituel et le
matériel, il rend cette dualité impensable en promouvant celle
de l'*être* et de l'*existence* : dualité en regard de laquelle, comme
nous nous sommes employés à le montrer, la réalité physique
du corps blessé opposé au corps non blessé est effacée.

Sans doute est-ce ici qu'il faut faire intervenir le principal
cadeau qu'aient offert les Surréalistes à leur douteux ami
carcassonnais : Freud et la psychanalyse. Bousquet reste assez
silencieux à ce propos mais la psychanalyse paraît souvent en

---

(1) Ce qui, chez Breton se traduira par le goût des voyantes !

filigrane de certaines réflexions, de travaux critiques aussi. C'est probablement plus dans le mouvement et la découverte de la logique symbolique, absorbés et réemployés à d'autres fins, que Bousquet trouve son bien, que dans la lettre des théories freudiennes ou jungiennes. La psychanalyse, pour lui, confirme la valeur de ce qui fait la force de tout poète *faustien,* comme il le dit : un déchiffrement des sédiments que l'esprit accumule au fond de lui-même en construisant le monde et en se heurtant à ses propres lois, une relativité généralisée des images mentales et une ambivalence de leur fonctionnement lors du parcours générateur du sens, une compulsation du mental étagée, métaphorique, une mise en abîme paradigmatique des concepts ne vivant qu'associés aux informations produites par les sens depuis le premier jour de notre vie.

Prenons une filière au hasard : blessure =) castration =) féminité =) vierge noire =) nuit =) silence =) eau =) maternité =) enfance, etc... Cette chaîne de paradigmes, sans fin apparente, révèle sa rigueur dès qu'on en associe deux maillons quelconques : blessure + enfance, castration + silence, nuit + maternité.

A la mémoire de n'importe quel lecteur moyen de Bousquet reviennent aussitôt des bribes dont ces associations expriment les lignes de force, et pour cette raison, nous n'en citerons point.

Si « l'espace est avant tout ce que l'esprit s'efforce de combler », aucun langage mieux que celui de Bousquet n'a peut-être réussi à tendre un réseau de correspondances aussi vaste, aussi polysémique sur son abîme. Il faudrait chercher le processus de création de ce réseau, la loi auquel il obéit, et ses caractéristiques propres. Hasardons quelques hypothèses : Bousquet nous présente quelque part la figure de Raymond Lulle : un homme dont la réputation était de pouvoir discourir sur toute chose pendant des heures sans jamais se tromper... Ce qui frappe dans ce portrait est à la fois l'universalité des connaissances, et l'efficacité de la méthode rhétorique qu'il suppose.

D'une certaine façon, le poète nous dépeint ici son idéal, et il approchait passablement de cet idéal si les témoignages de ceux qui l'ont connu sont exacts. Comment éclairer ce goût totalisant chez un homme du parcellaire, du déchiré, du fragmenté ? En y regardant de près, on discerne que Bousquet ne change pas réellement : il se développe, il s'agrandit à la façon d'un arbre lancé à la conquête de son domaine aérien. D'ailleurs cet aspect touchait le poète en prime perception des arbres ... Et la loi de cet agrandissement exclut le rejet d'aucun matériau fût-il la plus considérable erreur : comme si pour le poète la qualité d'une pensée ne dépendait que de la justesse de la situation qu'elle fait à l'erreur. De la disposition autour d'elle d'un maillage de données plus sûres, et déjà organisées par une cohérence ajoutée...

Pourquoi ne rejette-t-il presque jamais rien, sinon quelques zones de la pensée tellement anciennes pour lui et dépassées qu'elles ont séché comme des feuilles mortes ? Parti pris de ne jamais mépriser une idée, amour illimité de tout ce qui existe ? Ou impossibilité de renoncer ? De ces trois motivations, la dernière est sans doute la principale : ne pas être capable d'intégrer la plus infime parcelle perçue équivaudrait à faire un constat d'échec, à reconnaître dans la parcelle résistante une réalité d'une densité supérieure, en face de quoi le blessé ne *ferait pas le poids*...

On nous passera l'expression en songeant combien cette sensation de poids, insuffisant ou excessif, se retrouve fréquemment mise en jeu dans les écrits du paralysé (« Mon visage me pèse comme un masque d'argile »...). L'accablement, la charge, n'est-ce point là en effet une sensation de bouc émissaire ? La blessure en tant que charge et que manque n'entraîne-t-elle pas des réflexions inattendues et diverses que la psychanalyse l'aidait à disposer en paradigmes du corps blessé : entre mille autres passages, ne lit-on pas en feuilletant *Mystique* : « Je me suis demandé si Dieu n'était pas femme » (p. 149). et : « Par sa blessure mon corps aussi est un berceau. », « L'homme est sa vie avant d'en être l'homme ; et c'est pourquoi il est ému devant la transparence maternelle des faits qu'il va introduire dans l'irrévocable » (p. 86). Il faut relire en particulier les pages 86 et 87 de *Mystique,* pour voir le réseau tissé entre maternité et salut, et comment Bousquet tente diverses modulations pour en exprimer certains aspects, à la façon d'un musicien essayant sur sa flûte plusieurs interprétations d'un passage difficile.

Il résulte de son travail de transposition paradigmatique, que le corps blessé, par le truchement du langage qui joue comme figure du corps blessé, entre en résonance dialectique avec l'être dont ce corps blessé « matérialise » l'absence. Et le langage joue comme figure si fort que Bousquet pousse même le parallèle jusqu'à l'interversion : le langage se substitue peu à peu au corps de chair afin de durer plus que lui. Pour achever la substitution Bousquet s'empare de l'érotisme, l'exploite à la faveur de l'amitié nouée avec Bellmer, s'intéresse aussi à la fameuse question du *Tiers Amour* des Troubadours tels que Guiraut de Bornelh.

... Et se surprend à rejoindre Maître Eckhart et Suso (1) sinon dans ses intentions, du moins dans ses formules : faisant de la matière un manque à être destiné à se résoudre dans la plénitude de l'être divin ainsi conçue par défaut.

D'où il découle naturellement que le langage de l'exploration du monde, le langage de l'impossible, est légitimement fondé à réemployer presque tout armé le langage de ceux qui explorent ou exploraient l'absence de Dieu : ainsi sont remis à leur place les liens de notre Meneur de Lune avec les grands textes mystiques religieux, avec une Simone Weil, sa contemporaine.

Explorer l'absence de ce qui est, (peu importe le nom), creuser notre conscience de pareille absence dans la saisie d'un univers matériel *présent,* lui, et particulièrement dense et violent quand les renseignements que nous fournissent nos sens concernent le corps de l'autre : voilà tout le programme amoureux qui doit traduire en mots le corps de cet autre lorsqu'il est le but du creusement, but silencieux qu'on appellera Femme pour le Bousquet de *Traduit du Silence,* et de *La Tisane de sarments.* (Sans qu'il soit certain que ce nom « Femme » soit plus qu'un autre adéquat : le manque à être s'intensifie à tel point lors de l'amour qu'il se révèle proche de la divine absence.)

La Femme ou l'Absente, propose à l'entendement une tâche de comparaison : elle interroge sur la disproportion qui se manifeste lorsqu'on confronte la richesse de notre appréhension de l'*autre,* et la pauvreté de notre appréhension du monde des objets. L'*autre* ne peut s'offrir comme objet, quand même ce serait là son désir. La jeune fille de *La Tisane de sarments* qui se donne à voir nue se voulait objet : elle se voulait présence et plénitude. Elle ne se prouve qu'absente et source de désespoir : « Paule était au-dessus de l'existence. J'ai pensé qu'elle était dans un monde où ma disparition ne bouleverserait rien » (*TS,* 200). « ... ce désespoir, c'est moi » (*TS,* 201). Et le chapitre

---

(1) Ainsi que le Cardinal, ou plus près de nous HEYNICKE (*Das namenslose Angesicht,* 1919) ou Trakl.

IX de la seconde partie s'achève sur une pensée de Dom Bassa qui vaut d'être citée ici :

> « Quand on dit d'un damné qu'il est privé de la vue de Dieu, cela veut dire que le regard de Dieu le traverse sans le voir... »

Le corps de l'autre n'est pas objet. Il n'introduit pas comme l'objet à ce monde perçu du non-vivant, monde d'espoir. Le corps de l'*autre* transforme celui qui perçoit, en objet : « Mon désespoir est la lucidité de celui à qui rien d'extérieur ne peut plus porter secours. » Mais en un objet particulier : un objet dépourvu d'existence, qui n'a rien à espérer, ni surtout plus de réalité dans le regard d'un homme qui serait pour lui l'*autre : l'amour du monde* doit être chez Bousquet entendu comme à la fois amour venu du monde et amour pour le monde. Il se fait connaître comme aller-retour ambigu, et instantané. Il sert de modèle aux phrases que Bousquet juge « dites dans son langage » : *une étoile née de son reflet,* est à interpréter dans ce langage comme une expression de l'amour, voire même de l'érotique. (Et sinon, l'amour n'est pas) (2). Cette expression type n'a pas d'ouverture. Elle est langage clos, langage entier « à qui rien d'extérieur ne peut plus porter secours », précisément. Et cette parole a touché au salut en devenant le salut de cet amour bipolaire, dont elle tire pour elle-même une incontestabilité recueillant tout ensemble celui qui dit et celui qui se donne à dire dans le dit. Peut-être cela s'illustrerait-il par notre sensation de lecteurs de Bousquet : domine toute autre délectation, au long des textes, ce contact inexprimable et permanent avec une évidence à laquelle en nous quelqu'un applaudit inlassablement.

Nous touchons au terme du périple en découvrant cette notion bousquetienne par excellence de l'*évident*. Le langage, d'être illusoirement à tous, de n'être véritablement à personne, pour cette raison n'a pas une existence propre : le livre qui n'est pas lu n'a pas de réalité, chose facilement aperçue mais aux conséquences négligées. On se souvient du souci de Bousquet d'être publié, et surtout lu (3). Or, n'est lu que ce qui vaut assez pour qu'on oublie, et durablement, « tout le reste » en

---

(2) Intentionnellement nous empruntons cette formule d'obédience Bousquetienne pour faire pièce à André Breton qui s'en est abondamment servi sans la rendre... à César.
(3) Il donnait n'importe quel manuscrit au premier venu !

lisant ! Autant dire que c'est au langage de faire oublier tout
ce qui n'est pas le réel, tout ce qui ne contient pas une force
particulière : celle nous obligeant à consentir à une (sa) présence étrangère, à (en) tenir compte, à agir en fonction d'(elle) :
la force de ce qui est objectif, et nous oppose une invincible
présence, dont émane l'invitation « magnétique » au Détour.

C'est ici que l'indicible bousquetien commence, en nous
ôtant la parole. Il prend dans le langage le vêtement de l'évidence évoquée plus haut : ovation soulevée par une parole
qui entraîne l'homme tout entier, en fait « le fou de sa voix »,
et laisse l'intelligence toujours loin à la traîne. Ne comprendre
qu'après, chez Bousquet, est voisin d'une caractéristique mentale : un ennoblissement de ce qu'il appelait parfois « l'esprit
de l'escalier : pas celui qui trouve, celui qui cherche, à moins
que ce ne soit le contraire ! »

Il arrive que cette évidence prenne l'allure d'un invisible à
contourner, et que des mots révèlent par leur comportement
bizarre : « elle était *dans mon cœur* l'oubli du jour qui tombait
en suivant le déclin des premières étoiles... » L'invisible, apparu
à travers un révélateur (*dans* mon cœur), ressemble à ces pla-
nètes inaperçues, mais dont l'existence est affirmée par des
anomalies dans la trajectoire des corps célestes qui les envi-
ronnent.

Révélation par excès d'acceptation, par magnificence d'un
langage qui rallie globalement la spontanéïté de celui à qui
elle s'adresse. Révélation aussi par ... manque d'acceptation,
par déficience et consumation intérieure du langage qui maintient à une distance radicale celui à qui elle se donne. Entre
ces deux limites, nous avons dit que le syntagme bousquetien
prenait l'allure d'une sorte de conducteur à double-sens simultané. En exploitant ce double-sens, dont le paradoxe offre une
des figures préférentielles, celui qui a droit désormais au titre
de poète voit poindre peu à peu un type d'énoncés incontes-
tables : il y sent se dessiner les traits de son dernier et véritable
souci, enfin dévoilé : une *vérité* dont il avait besoin sans l'avoir
d'emblée reconnue et mise à sa place : au centre. Une vérité
qui seule peut ordonner enfin sa vie sans l'organiser à la façon
d'un dogme ou d'un système philosophique accepté, chose
insupportable, mais en créant pour les faits de sa vie qui
tournent « sur eux-mêmes et l'enveloppent » une entropie :

« C'est un des cercles de notre hypnose, à l'idée de la ligne

je préfère l'image proposée par cette réunion d'ondes concen-
triques. » (M, 69.)

Quête de sa vérité, quête plus ancienne pour le poète que
toutes les autres, dont le visage était encore futur au temps des
frasques de l'enfance et de l'adolescence ; quête qui faisait tout
le prix de son héroïque témérité durant la guerre de 1914. Ici,
est le lieu de dire que ce n'est pas tant à cause de la lettre
désespérante serrée dans la poche de sa vareuse (et qui lui
annonçait le — faux —- suicide de Marthe : voir *Lettres à Carlo
Suarès*) que Bousquet montait aux premières lignes se faire
blesser (4), mais pour donner à un événement de sa vie des
conséquences telles en son propre corps, qu'elle prenne enfin
une épaisseur de réalité irréversible. En somme, il voulait déjà
faire de la vérité écrite une vérité vécue : car si, écrite, elle
peut se révéler douteuse, illusoire, mensongère comme la fameuse lettre, la vérité, une fois vécue comme vraie jusqu'en ses
conséquences, une fois « entrée dans l'irrévocable », n'appartient
plus à celui qui l'a écrite ni au langage, mais à celui qui a réussi
à l'*assumer* sans trembler *dans ses actes*, à en faire de la vie.
Et qui en porte témoignage par les stigmates de son corps
atteint.

On pourrait avancer que Bousquet a été le martyr de sa
propre exigence de vérité. Son génie se doit placer à l'altitude
que cette constatation implique pour nous. Et de cette vérité
qui l'avait choisi — mettons — par hasard, il a fait une vérité
nécessaire, d'une espèce inconnue : une sorte d'*absolu indissociable de lui et de son état*, « naturalisé », auquel *il a offert
une forme d'existence tangible*. Et ce qui confirme ce caractère
d'absolu nous est dévoilé par son effet rétro-actif : la suppres-
sion du hasard, si complète qu'aujourd'hui personne ne peut la
percer à jour et décider si Bousquet a voulu sa blessure ou si
sa blessure a voulu Bousquet.

Le fait que Marthe ne soit pas morte à l'époque n'y pouvait
plus rien changer, et ne prouvait qu'une chose : le double-jeu
du langage, sa traîtrise primordiale, lequel n'a que sa seule
ambiguïté pour subvenir aux besoins des hommes et répondre
en même temps de la vérité qu'ils ont vécue.

---

(4) Poisson d'Or en témoignerait volontiers sans que l'on puisse douter de son honnêteté.
Cf. (Sept. 78) *Lettres à Marthe*, (p. 20 et 165), et surtout p. 304 (2ᵉ P.S.), lettres dont on
ignorait tout quand le présent article fut rédigé.

Tout cela équivaut à choisir d'avoir été choisi, ou à être choisi par son propre choix ! Bref, à créer un nœud dans l'espace et dans le temps, nœud qui soude la mort à la naissance en une nouvelle union. En quoi consiste-t-elle ? Equivoquement rebaptisée « la vie » par Bousquet, elle se fait connaître en effet comme une vie révolutionnée *de l'intérieur,* et consume l'espace-temps là-même (dans les domaines limités) où opère la conscience humaine.

Bousquet tente de faire sentir cela, vers la fin de ses jours, en parlant de mots et de faits « intérieurement brûlés ». Non que ces faits et que ces mots n'aient le même aspect, la même orthographe que les autres, ou les mêmes manières d'être enregistrés par les terminaisons nerveuses. Mais ils sont victimes de la révélation que leur apporte un élan double du sens, contradictoire, dont la somme serait l'immobilité de l'homme enfermé dans l'équilibre de sa chambre de Carqueyrolles : un tel élan ne les portait pas auparavant. « Je cherche uniquement un procédé de communication qui ait un rendement plus élevé... » Ce procédé, Bousquet l'a trouvé. Avant lui, les mots comme les faits ne glissaient, ne tournaient pas assez sur eux-mêmes pour révéler le « noir » sur lequel ils étaient d'ordinaire tendus. Ce « noir » qui les suit, comme « l'hirondelle noire poursuit l'hirondelle blanche née du tremblement d'une étoile », ne se laissait accidentellement démasquer que par une rhétorique de la volte-face brutale. Toute la rhétorique bousquetienne mérite d'être considérée comme une expérimentation relativement méthodique des moyens dont dispose le français pour pratiquer « en douceur » une telle volte-face. Profiter de l'inertie de la pensée, la piéger dans *la situation de l'impossible* constitue l'essentiel de cet art poétique qui, en son temps, et aujourd'hui encore, ne ressemble guère à aucun autre : « que la pensée n'ait pas licence de se poser... »

Je renvoie au chapitre XV des *Capitales* pour faire mesurer au lecteur que le cheminement présentement parcouru en quelques pages est bien conforme à l'itinéraire tracé par Joë Bousquet. Le poète « a dû d'abord, pour se connaître, revenir de très loin. Il ne se comprendra pas entièrement sans avoir renouvelé, depuis le fond insondable de sa nature, *le choix que tout son être fait de sa personne* » (*Cap.,* 126).

Ce choix, fait depuis la situation de l'impossible, qui est pour l'esprit l'impensable, s'enracine dans la vérité : ce qui lui donne pour nous la caractéristique de présenter la vérité, dans son discours poétique, comme « incréée », « n'ayant » pas d'autre cause que sa propre clarté » (*Cap.*, 123). Le langage blessé du poète — en cela parent du langage premier des surréalistes — est « lieu de déraison » d'abord, « recours incontrôlé à la parole » (*Cap.*, 127) ; et « c'est depuis ce lieu de déraison que chacun tend, avec une ingénuité d'enfant, vers celui qu'il est... » (*Cap.*, 126).

Sans vouloir introduire une polémique qui ne serait guère de mise, nous voudrions en guise de conclusion de notre exposé, faire quelques remarques auxquelles, malgré sa brièveté, nous le jugeons capable de servir de tremplin : en premier lieu, on entend relativement fréquemment déclarer à propos de Bousquet « qu'on ne saurait tout ramener à sa blessure ».

Nous prétendons avoir prouvé qu'on ne saurait *ne pas* tout ramener à sa blessure : c'est Bousquet qui en a décidé ainsi. Elle est devenue le catalyseur irremplaçable d'une synthèse à laquelle rien du monde existant ne peut échapper, et la condition obligée d'une certaine approche de l'homme vrai. Ce phénomène unique dans l'histoire de la pensée (et de la littérature) place Joë Bousquet au moins à égalité avec les plus grands écrivains de notre siècle.

En second lieu, ceux qui voudraient qu'on ne ramenât pas tout à la blessure, sont aussi ceux qui entreprennent une récupération de certains noms à d'obscures fins : Daumal, le Grand Jeu, les meilleurs parmi les surréalistes en ont déjà fait les frais. Cette récupération ne peut se faire que dans la terreur de l'*incréé*. Ce qui revient à avouer qu'on n'accepte pas de suivre Bousquet sur son terrain, sur le terrain où la partie se joue réellement : l'exercice de ces « réticents volontaires » consiste essentiellement à lire les textes du poète sous l'angle le plus lénitif, le plus inoffensif, voire le plus historique possible.

Le désengagement apparent du critique cache alors un simple recul, sa soi-disant objectivité est un paravent principalement destiné à tenir à distance un auteur qui sent la peste, sinon le soufre. On parle de lui comme d'un séduisant aventurier, de son œuvre comme d'un très bel échec : n'était-ce pas déjà un peu le ton de certains hommages publiés dans le fameux numéro 362-363 des *Cahiers du Sud* ? N'est-ce pas aussi le ton de certaine récente « biographie-portrait » publiée par un très bon ami de Joë Bousquet (5), qui semble ne s'être jamais remis de ce que

_____

(5) René Nelli pour ne citer personne !

Bousquet ne lui ait pas offert l'occasion et l'honneur de devenir son meilleur ennemi ?

Tout le problème de l'étrange occultation dont notre Carcassonnais est encore la victime se trouve ainsi posé, et nous fait mieux mesurer la dimension réelle de cet homme : on ne redoute que les souvenirs qu'on met toutes ses forces à oublier ou à déformer ! Et on se réunit, moralement, sur la tombe du défunt qui s'en moque, et on réassassine le mort trop vivant pour les vivants. Mais *sans voir une ombre qui ricane* entre deux pages de la *Tisane de Sarments* ou *du Médisant par Bonté !*

Car l'affaire Bousquet, pour parler en termes de justice, puisqu'il s'agit bien en fin de compte de justice quand on prétend à la critique, n'est nullement close : il ne faudrait donc pas que r'ouvrir le dossier soit une manière habile de le refermer le plus définitivement possible... Or, ce double meurtre, perpétré sur la même victime, disons-le tout crûment, est à redouter parce que la poésie de Bousquet est d'une eau qui rend malaisée la contemplation et le décortiquage esthétique : on ne peut y toucher, fût-ce du bout des doigts, sans se *mouiller* comme on dit vulgairement.

Si l'on ne se « mouille » pas on n'existe pas pour elle (6), on n'est pas blessé comme elle : c'est parce qu'elle précipite l'homme à la fois dans sa vie et dans sa mort — perspective inconfortable pour l'imagination, envers laquelle ployer le genou est devenu l'étiquette d'un nouveau conformisme — que cette poésie est considérée de la même façon que le radium : on craint la contamination d'ondes invisibles...

On craint la blessure, on craint en somme, de recevoir à l'instar de Bousquet la terrible fève cachée qui vous ferait Roi du Sel, on craint d'être pris dans un grand jeu qui du dehors apparaît plein d'un risque mortel : eh quoi ? La littérature serait-elle aussi périlleuse, pratiquée à la manière de Bousquet, que l'alpinisme ou la course automobile ?

L'œuvre du noir, voilà en effet ce que la poésie est devenue entre les mains de Joë Bousquet immobile, dans sa chambre de Carcassonne. Et c'est ce qu'on doit refuser de laisser oublier. Avant d'étudier les moyens de cette poésie, dans les textes, il serait urgent d'en *éprouver le sens :* faire de la vie vraie avec

---

(6) Ce que certains ne lui ont pas pardonné !

cette poésie comme son auteur a fait de la vie vraie avec la mort du monde : et pour commencer, répertorier les implications que cette poésie *active* en nous à cause de son point de vue particulier sur le langage. Le fait qu'il anticipe à l'avance, selon ses propres voies, aussi bien sur ce que nous connaissons de la linguistique moderne, de la sociologie, de la psychologie, que de la philosophie, de la psychanalyse ou de la politique, situe Joë Bousquet sur un plan au demeurant plus synthétique que les écrivains et les penseurs de son temps : de cette synthèse-là, nous avons actuellement un urgent besoin.

Le premier travail de ceux qui se passionnent pour elle et pour son auteur est de crier une telle affirmation de toutes leurs forces, en renonçant à tout amour-propre éventuel de spécialistes ou de créateurs, exerçant leur activité dans ces mêmes domaines que Bousquet explore encore aujourd'hui en nous par la dévorante nécessité de sa réflexion. Toujours actuelle, ambivalente mais toujours dirigée vers la plus grande dimension de l'humain, cette réflexion admirable, à cause de sa noblesse sans équivalent, nous ne courrons jamais le risque de la situer assez haut : n'en déplaise à certains qui ont fréquenté Bousquet de près et qui voudraient nous donner à vérifier une fois de plus le vieil adage selon lequel « on n'est pas un génie pour son valet de chambre » !

Entre le génie et le simple talent, la lecture de Bousquet nous donne à penser qu'il y a une différence, non pas de degré, mais bien de nature : sans doute est-ce la raison pour laquelle dans les écrits de Joë Bousquet on assiste, non pas à une amélioration diachronique, mais à une mise au point de plus en plus efficace du talent littéraire pour satisfaire aux exigences du génie, *qui était déjà présent dès avant la Blessure :* les *Lettres à Marthe* en fournissent l'irrécusable témoignage. Minerve sortit toute armée de la tête de Jupiter, dit-on, par l'effet d'un certain *coup de hache...*

DE LA CONSCIENCE SÉPARÉE
AUX MYTHES DE L'AMOUR

par Françoise Haffner

> « La vie est un scandale pour la raison »
> *(Notes d'inconnaissance)*.

> « On ne te demande pas de vivre ; mais
> d'aimer la vie en acceptant qu'elle ne soit
> rien et n'ait un peu de vérité que par cet
> amour. » *(La neige d'un autre âge.)*

L'œuvre de Joë Bousquet est un long constat de faillite de la raison. Aux balances de la raison, la raison ne peut mesurer qu'elle-même. Tout le reste est scandale. Et d'abord la vie, domaine de l'illimité, où l'on voit des effets sans causes, le hasard et l'accidentel, l'accident même, et un cœur qui bat ses raisons que la raison ne connaît pas. La vie, un scandale. Elle n'a pas demandé de passer à l'existence.

Il faut qu'elle prenne conscience, c'est-à-dire donne à cette conscience une fin qui ne la connaisse pas.

La conscience de la vie, ce serait peut-être l'oubli de la vie pour Bousquet. Que peut-il attendre d'elle ?

Qu'elle donne lieu à la personne sans trahir qu'elle est elle-même hors du lieu et outre-raison, inversant les données vérifiables (et, sans doute, inventant la mort, l'élevant délicatement et de nuit sur des objets choisis ; un cheval de cristal, une émeraude. Il faut qu'elle berce le corps sur l'immobilité qu'elle devait lui donner pour apparaître). Nous n'appelions cela la vie que d'une façon très provisoire. *(LE)*

Et voilà un des secrets de la quête dévoilé, but proclamé de toute une génération de poètes qui se réclament de Rimbaud (mais nous trouvons pour Bousquet bien d'autres filiations) ; fixer l'Illumination, inventer le langage définitif, proprement « inoubliable », donner au mot du poids et surtout de la chaleur, le « rematérialiser », lui donner toutes les vertus attractives de la chair, de la vie.

A un monde d'après la chute, déserté par l'esprit, le Verbe, il appartenait au Verbe de faire le chemin inverse de la création — toute une opacité de matière à traverser, à ranimer — et pour le poète, raison désertée par la vie, l'opacité du langage prosaïque. Est-il une méthode pour inverser les données vérifiables ? « A moi l'histoire d'une de mes folies » écrit Rimbaud. La folie... Il n'est d'autre voie pour Bousquet :

« Sois ton propre fou. » *(LE)*

Si la vie est un scandale, la voie de la connaissance ne peut être que scandaleuse ; cela n'a rien d'un défi arbitraire, ni d'une révolte sociale, voire psychologique. Pour Bousquet, c'est une évidence inscrite dans sa chair même. Sa blessure est le signe tangible de la séparation scandaleuse, le révélateur du scandale de l'existence.

« Sois ton propre fou », maxime majeure pour Bousquet, maxime dont la forme reste frappée de la plus grande rigueur morale, du sceau d'une méthode rien moins que pathologique, qui permettra à son auteur de poursuivre simultanément les voies en apparence les plus contradictoires.

Scandaleux, séparé, mais capable de suivre certaines règles du jeu social pour mieux poursuivre sa quête : parce que le masque fait aussi partie du scandale de l'existence, les personnages-Bousquet, comme son œuvre une et multiforme, peuvent heurter.

Il semble en tout cas bien difficile d'en faire une approche méthodique. Ses écrits forment-ils une œuvre ? Poésies, romans qui sont des poèmes, nouvelles qui sont des contes, des essais, des critiques, tout cela arraché à des cahiers qui ne sauraient former ce qu'il est convenu d'appeler un journal intime, même si leur tenue est quotidienne et leur contenu, la vie de Bousquet. La création littéraire du xxᵉ siècle nous a habitués (réhabitués) à cette fuite devant les catégories formelles de la littérature.

Mais ici, est-ce les genres ou l'art ou le langage qui sont soumis à la question ? Il n'y aurait qu'à lire certains manifestes, étudier certains courants — la place de Joë Bousquet dans le mouvement surréaliste, ses rapports avec René Daumal, Carlo Suarès, et « l'influence » exercée par Jean Paulhan peuvent nous y inviter — pour retrouver les intentions, mesurer la place de l'œuvre. Est-ce bien là la méthode qui permettrait de comprendre Bousquet ?

La critique en face de Bousquet est à la fois extrêmement « riche » — la place particulière de Bousquet dans le milieu littéraire et artistique de son temps, sa situation de blessé, le cas-Bousquet, la légende-Bousquet —, et extrêmement démunie, car tout paraît se passer ailleurs ; ailleurs que dans la vie ; ailleurs que dans la légende ; ailleurs que dans les écrits.

Et pourtant le fait est là : puisque nous ne connaîtrons pas sa présence « fascinante » et sa parole « éblouissante » au dire de ses amis, nous avons bien affaire à des mots, et, pourquoi pas, à de la littérature.

Mais Bousquet continue à nous défier. Peut-on étudier ses textes, et comment ? Bousquet nous montre sans doute la voie quand il écrit de la critique du romantisme :

> Comment le romantisme s'accommoderait-il d'une critique appuyée sur des lois que son existence condamnait ? Sorti d'une révolution où la critique ne l'a pas suivi, le romantisme juge la critique et ne peut être jugé par elle. On ne saurait, au temps où nous sommes, analyser cette révolution en cours qu'en fonction d'un but à connaître. La critique, aussitôt qu'il s'agit du romantisme, devrait se faire romantique, avancer de doute en doute, rire avec l'ironie, accepter pour elle le discrédit qui s'attache aux certitudes soulevées par un parti pris d'investigation. (*En marge du romantisme allemand, Cahiers du Sud,* 1938.)

Même si Bousquet n'avait pas avoué par ailleurs sa filiation avec le mouvement romantique allemand, ses écrits seuls nous auraient montré les limites des méthodes critiques, et qu'elles font juger plus la critique que l'œuvre. La critique devra-t-elle se faire Bousquet pour comprendre Bousquet, avec tous les risques que cela comporte, et « accepter pour elle le discrédit

qui s'attache aux incertitudes soulevées par un parti pris
d'investigation » ?

C'est en tout cas le parti pris que nous avons choisi, en
pensant que c'était le seul qui pouvait faire coïncider l'Aventure
qu'est l'œuvre et la vie de Bousquet et l'aventure qu'est la
lecture de Bousquet, tout en sachant bien que nous ne pourrions pas échapper aux images, celles que Bousquet nous tend
comme autant de promesses et de pièges, celle que nous proje-
tons dans le miroir qu'il semble nous offrir.

*
* *

> « Le monde est avant tout séparation.
> Tout y est un par la pensée, divers par
> l'être. » (Tradition d'oc.)

Si sa blessure lui a ouvert des yeux au creux du noir,
elle a inscrit dans sa chair l'empreinte du scandale même de
l'existence : la séparation, l'Autre, que chacun est à soi-même,
que les autres sont pour soi, que le monde est pour soi, et dont
chacun fait partie. Au commencement de cette expérience de
l'autre, il y a cette stupeur devant ce corps qui est le sien,
qui était le sien, tout à l'heure, avant la blessure, et dont les
bottes qu'il chaussait, tout à l'heure encore, sont l'image et
comme le symbole.

> Je regardais mes bottes sans y reconnaître la vie. Mon corps
> était avec moi comme un chien mort. Un souvenir, une sensa-
> tion me suffisait pour y véhiculer la vie, la voix d'un camarade
> n'y était qu'une voix ; un pas n'y était qu'un bruit de pas, dans
> une autre nuit où la nuit me donnait accès s'était formé un
> silence pour accueillir le mien et se confondre avec lui. (ML)

Il a fallu cet accidentel érigé en destin pour que Bousquet
comprenne que sa vie se formait au large de sa pensée, dans
un rapport de lui au monde où tout déjouait les calculs misé-
rables de l'intelligence, et de son esclave le discours, dans la
sensation et le silence.

Le moi ne pouvait plus avoir cours qu'en tant qu'idée fallacieuse où la pensée assurait son unité sous couvert de perennité. Et avec la défaite du moi, celle de la vocation, idée du moi à défendre contre les accidents de la vie.

> A ce point là, dit Bousquet dans *Le Meneur de lune*, la seule morale que je retienne est celle qui [...] nous impose comme seul principe d'existence entière, le fait qui nous advient, quel qu'il soit ; tiens que seul, cet événement est réel et qu'il nous appartient d'en accomplir la perfection et l'éclat.

A l'unité fallacieuse de la pensée, Joë Bousquet préfère l'être, en sachant qu'il est diversité, multitude et donc séparation ; et que la voie n'est pas dans la fuite mais dans l'approfondissement.

> L'accident qui mutile un homme ne touche pas aux sources de son existence ; il n'est mortel qu'à ses habitudes. (*ML*)

Et l'accident devient acte de naissance...

A la pensée, Bousquet substitue la sensation, à la fausse éternité, le présent de l'événement, un acte de naissance perpétuellement renouvelé, qui confère à la démarche de Bousquet l'allure même du Doute ; Doute qui n'est pas comme chez Descartes un parti pris de la pensée (celle-ci étant totalisante, et en cela, pour Bousquet, illusoire et mensongère), mais la traduction conceptuelle de la vie même, qui est et qui n'est pas dans le même mouvement. Et cet événement, qui se dresse tout à coup devant l'individu, où celui-ci se reconnaît sans se reconnaître, qui se dresse entre la subjectivité du moi et l'objectivité du monde, et qui creuse l'abîme entre eux, qui donne de l'être au néant, c'est-à-dire qui le lui fait connaître, où se manifeste-t-il d'une manière plus éclatante, à la fois illuminante et tragique, que dans l'apparition de la Femme, l'Autre par excellence pour l'Homme qui la regarde, qui donne la profondeur de tout son sexe à la séparation ?

La quête de Bousquet, prenant naissance dans la conscience de la séparation, du scandale irrationnel de la vie, ne pouvait que faire éclater le scandale de l'Amour, qui est d'abord Amour de la séparation, Amour de la différence.

En même temps, l'Amour orientait cette quête...

Le désir, espace à franchir, l'amour, naissant de la distance, étaient également rêve d'unité et de ressemblance.

Et la distance de la Femme venait encore approfondir la distance donnée par la blessure qui, dans un corps mutilé, avait laissé intact le désir.

Plus d'alibis pour combler la distance entre Bousquet et l'Autre, entre l'Homme et la Femme, du moment où Bousquet fait de sa blessure l'acte de sa naissance, de la distance même le point de départ d'une ascèse qui devra donner à la connaissance son plein rapport avec l'être, ou avouer son échec.

*
* *

> « Il est des événements vrais qui ne peuvent être crus que sous forme de mythes. »
> *(Encres : Cahier saumon.)*

Si l'évidence de la séparation est le point de départ d'une ascèse dont elle assure l'authenticité, la direction de cette ascèse est secrètement (et ouvertement) orientée vers le retour à l'unité, à la ressemblance, à la totalité ; nostalgie de l'âge d'or peut-être, mais une nostalgie qui ne pourra pas se payer d'illusions quand Bousquet a payé son tribut au destin de sa chair même. L'appel des sirènes se fera parfois entendre, l'évidence de la séparation s'imposera toujours.

Revenons donc à l'expérience de la blessure, le temps nécessaire, le temps d'une introduction, d'un point de départ comme dans les écrits de Bousquet. La blessure faisant le vide, créant la distance, est *vue*...

La vie de Bousquet, à partir de cet instant, devient vision.

La réalité est une vision. La vie est une métaphore.

La distance a engendré la vision ; et la vision est porteuse d'un sens possible, non pour la raison, mais pour le regard fasciné... Ce sens, dont la vie serait l'immense figure, il l'a pressenti le jour de sa blessure, le 27 mai 1918.

Je ne montais en ligne que botté ; et je n'ai jamais compris la raison qui me déterminait. *Les faits sont impénétrables. Ils*

> *sont le secret de notre vie, mais pas notre secret ; ils se cachent*
> *derrière l'objet qu'ils emploient pour nous fasciner.*

Ses bottes de cuir rouge, Bousquet ne croyait les chausser que par un souci d'élégance. En fait, il ne leur prêtait aucune attention. Ses bottes ne lui *apparaîtront* réellement qu'après sa blessure ; alors, « elles paraissaient bourrées de coton, gonflées de vent, entrées déjà dans une vie où je ne les suivrai point », poursuit-il dans *La neige d'un autre âge.*

La vie obéit à un dessein secret qui forme à l'insu de l'individu un destin — dont il est expulsé ?

A lire Bousquet, on pourrait parfois le croire. Avec le problème de la séparation, de la chute, il pose celui de la liberté : ou fasciné par l'objet qui va disposer de mon sort, je subis le fait, ou séparé de lui par l'événement vécu dans le passé, déjà, il entre « dans une vie où je ne (le) suivrai point ».

> Des bottes, un maillot de bain, une pierre couleur d'œil perfide. Sait-on jamais avec quelle partie de notre corps nous voyons ces choses, à travers quelle obscure raison de notre histoire ? *(NA)*

Et s'il n'était que d'intervertir les termes de la logique : à l'absurde de la nécessité, s'il suffisait de répondre par la nécessité de cet absurde pour qu'il rende un son plein comme dans le rêve. N'y a-t-il pas là un embryon de direction possible ?

Pour Bousquet, le rêve est plus réel que la vie éveillée, parce qu'il crée un univers qui ne connaît pas le discontinu, le contingent. Le rêve crée un univers où tout est nécessaire. Ce que Bousquet pressent dans la vie éveillée, le rêve le *réalise.*

> Le rêve est plus réel que la vie éveillée parce que l'objet n'y est plus négligeable [...]. L'événement et l'objet y sont rigoureusement interchangeables, comme dans ces aventures accomplies et toutes jugées où une chambre d'hôtel raconte intégralement un crime que l'imagination policière est incapable de réinventer sur le champ. Et lisant des histoires criminelles, ou des pages de Raymond Roussel, nous sentons le frisson de l'homme entré par le biais des rapports fictifs dans la plus exacte et la plus nécessaire de ses fonctions. *(NA)*

Rendre à la vie éveillée la pleine réalité du rêve, faire qu'il n'y ait pas de ligne de démarcation entre ces deux domaines, donner à l'événement sa plus haute puissance de crédibilité, de nécessité, n'est-ce pas s'en rendre le maître ? N'est-ce pas en tout cas la possibilité de réaffirmer sa liberté ?

Et cela par le biais des rapports fictifs, par la toute puissance de l'imaginaire, par la toute puissance de la création mythologique.

> Il est des événements vrais qui ne peuvent être crus que sous forme de mythes.

A la raison comme instrument d'intelligibilité du monde et de l'individu, Bousquet préfère l'imagination, qui n'est pas une activité imaginante, mais qui est créatrice de sens par les rapports fictifs qu'elle instaure, rapports fictifs mais bien réels, car seuls capables de jeter un pont entre la subjectivité du moi et l'objectivité du monde, puisqu'en fait dans l'expérience réellement vécue (comme dans le rêve) tout est réalité et signe, à la fois. Rappelons-nous : « la vie est une métaphore ». Pour Bousquet, il n'y a aucune différence entre l'objet concret et son signe ; l'objet est signe, le signe est objet. Les bottes de Bousquet sont à la fois réalité et signe.

Et le mythe, n'est-ce pas déjà, avant tout récit, avant toute formulation, l'événement vécu au cœur de l'homme émotif selon les deux ordres indissolubles de la réalité et du signe ?

Il est ce langage — paroles, gestes, visions, figures —, qui à la fois circonscrit l'événement et le fait être ce qu'il est, avant d'avoir été compris et formulé par l'intelligence, encore moins raconté... Les bottes de Bousquet sont mythiques dès le premier mouvement émotionnel de la vision de celui-ci.

La parole dans le mythe vient fixer l'événement ; elle gardera comme lui cette double nature de signe et de chose ; cette dualité étant à la fois une catégorie d'analyse rationnelle et la possibilité existentielle d'une scission toujours présente.

L'événement est nœud d'existence. Il a en lui toutes les contradictions qui en font un objet de scandale pour la raison ; il est porteur de sens, objet de croyance pour la conscience mythique.

Faire de sa vie, un mythe.

Si pour une conscience séparée, il n'est d'autre voie de salut (le mot devant être pris dans son sens le plus humain) que de vivre tout fait, tout événement comme mythe, ce ne peut être d'une manière spontanée ; ce doit être le fruit d'une ascèse. Pour Bousquet, il s'agit de « se substituer un être de culture ». La formule paraîtrait bien intellectualiste s'il ne fallait prendre ici le mot « culture » dans le sens de fabrication, de création ; mais cet être de culture pourrait être, somme toute, une mise en forme bien artificielle si Bousquet restait totalement séparé de la vie.

Et à l'événement de la blessure, du retranchement le plus scandaleux, vient répondre d'une manière tout aussi scandaleuse la rencontre encore possible de la femme, amour qui donne au mythe son existence de chair et le fait échapper à la fabulation artificielle.

Avec l'amour, il y a possibilité de reconquête de l'intégrité.

Si le mythe est événement, l'amour sera chez Bousquet le pivot de cet univers mythique, car il garde sous les espèces de l'événement tous les signes de l'existence : celui de la chute, de la séparation, mais aussi celui de l'unité.

De la conscience séparée à la conscience unifiée, la quête est longue et combien aléatoire...

Dans la flambée du désir Bousquet découvre un sens possible, et fait de l'amour un chemin à inventer de cette quête.

Et cette aventure de l'amour va coïncider avec l'aventure de l'imagination et du langage, tout indissociable dans la création mythologique qu'est la vie — ou l'œuvre — de Bousquet.

> Peut-on à force de sincérité, d'isolement, faire des faits de sa vie les symboles de son idée la plus haute — non pour la curiosité littéraire d'une existence, mais afin que cette idée porte avec elle les caractères de la passion et soit souveraine de l'esprit, s'attribue l'esprit et la vocation du penseur comme un de ses besoins. *(Cahier saumon.)*

N'y a-t-il pas quelqu'abus de langage à parler de création mythologique à propos d'un poète ? Bousquet lui-même pose la question quand il se demande s'il est possible de faire des faits de sa vie les symboles de son idée la plus haute. Des faits de sa vie, car il ne s'agit nullement de littérature. Mais tout aussi bien, peut-être, ne s'agit-il que de cela : qu'il démasque avec « remords » l'écrivain qu'il était dans les replis de sa conscience, alors qu'il essayait d'échapper à toute mise en œuvre littéraire, ou qu'il rencontre les rapports du langage, de la pensée et de l'être.

Avec Bousquet on se sent obligé d'avancer par affirmations antithétiques, qui ne se nient pas réciproquement, mais qui, au contraire, se donnent vie mutuellement, comme si elles ne prenaient un peu de vérité que de la lueur que leur rencontre allume sur la nature du langage, et peut-être de la pensée. Car un des paradoxes les plus sensibles du langage n'est-il pas qu'il lui est possible de tout dire. Si la phrase est grammaticalement correcte, le lecteur — et l'auteur — se chargera d'y trouver un sens ; et la seule lueur de vérité que l'on puisse y percevoir est que tout est affirmable et que tout est niable, et que la vie de l'esprit est formé de tous les contraires dans un champ infini de possibilités.

Le principe d'unité auquel aspire l'homme comme à un paradis perdu serait alors cette capacité négative. Cette capacité négative inscrite dans la pensée et le langage deviendra le principe de la métaphysique comme de la morale de Joë Bousquet. Il notera, en exergue de son recueil de poèmes, *La Connaissance du soir,* sous la signature d'un de ses multiples doubles :

> Dans la mesure où il s'accepte, l'homme s'enfonce dans la profondeur de sa nature qui est négation. Ainsi ne sois pas toi si tu ne veux être perdu.
> Tu sais que ce n'est pas la recherche du bonheur qui est le grand mobile des actions des hommes, mais le souhait inhérent à chacun de tes actes.
> Ne pas être celui que je suis. *Basile Sureau.*

Mais cette capacité négative, comment peut-elle être source de salut ? — Il faut l'affecter d'un signe positif. Seule la conscience mythique peut ainsi donner une unité aux contraires, car seule elle permet la coïncidence des oppositions. Au cœur même de la dualité, le mythe réinstaure l'unité ontologique. Il n'y a plus alors de contradiction entre le mot et la chose. Et c'est pour cela qu'on ne peut plus parler de littérature. La parole est contenue dans le mythe, et comme le souligne Schelling, « la signification de la mythologie ne peut être que celle du processus à la suite duquel elle naît ». Le mythe est une pensée qui porte en elle-même sa fin en même temps que son commencement. Cette structure ne naît pas chez le primitif d'une harmonie préétablie avec le monde, mais elle est vécue comme un processus de réunification réussie, puisque l'unité se trouve établie dans une présence totale, où la catégorie temporelle elle-même n'a plus aucune existence. Mais depuis Sophocle (et peut-être Homère), la conscience métaphysique — et esthétique — a pris le pas sur la conscience mythique. Un équilibre a été rompu, qui enracinait l'homme dans le monde dangereux que le mythe était chargé, au-delà de la distance, de l'insécurité et de la mort, d'harmoniser avec l'homme.

Serait-il donné au poète le pouvoir de créer ou de recréer des mythes ? Faire se lever des images, passe encore ! mais créer des mythes... N'y faut-il pas l'adhésion de toute la communauté sociale ? Tout au plus le poète pourrait-il prendre dans l'immense attirail laissé par les siècles passés et en jouer comme des images plausibles, des symboles de notre humaine condition, objets de réflexion plus que de foi.

Sera-t-il possible, après avoir rompu dans l'histoire avec la conscience mythique, de réinstaurer ce type de structure ?

Novalis, de qui Bousquet se dit le descendant spirituel, l'affirme dans *Les Disciples à Saïs*. Ce n'est plus toutefois une forme spontanée de la pensée, mais une catégorie à redécouvrir par une ascèse qu'il serait urgent de pratiquer car elle seule peut permettre le retour à l'unité :

> Nous pouvons considérer les opinions de nos ancêtres au sujet des choses naturelles comme un produit nécessaire, comme le reflet direct de l'état de la nature à cette époque, et c'est d'après eux, comme à l'aide des instruments les plus propres à l'observation de l'univers, que nous pourrons déduire avec certitude la relation fondamentale de l'Univers à ses habitants et ses habitants à l'Univers. (*Les Disciples à Saïs*.)

Pour l'homme vivant l'existence selon la catégorie du tragique, le mythe est la voie de salut ; mais il est d'abord une sorte de voie modèle à laquelle il faudrait accéder, à laquelle il est possible d'accéder, pour Novalis et Bousquet, par l'Art.

Si le mythe, le sacré, le religieux, ont disparu en se brisant sur l'histoire et la science — circonstances extérieures pour Bousquet — ils peuvent renaître sous une forme idéalisée, ils peuvent « entrer dans le domaine de la pensée pure et fabulatrice ». *(Bousquet : L'Homme d'Oc.)*

Pour Novalis, le mythe égyptien devient principe de beauté (et de salut) ; pour Bousquet, le mythe cathare... mais peu importe le contenu, puisque l'essentiel dans le mythe est le processus de sa naissance, et sur ce plan Bousquet et Novalis sont semblables.

L'art et la religion ne sont qu'un. Et cette unité, Bousquet la découvre dans la pensée d'oc insufflée de catharisme ; mais, aussi bien, c'est de sa propre pensée qu'il parle :

> « [...] imprégnée de cette bouleversante doctrine où *le connaître est la genèse* (1) *du devoir.* Car l'Etre est un vaste dessein auquel l'homme doit souscrire. J'y insiste : telle est la leçon des purs : *le devoir franchit l'être,* dût-il le briser, il est l'essence active de la conscience, laquelle doit s'ouvrir comme une chrysalide sous les forces actives de la vie et libérer son lien avec l'âme universelle, s'associer à son frémissement de désir. Cette pente intérieure de la conscience transparaît dans la manifestation, elle est la sensibilité au Beau, au Beau féminin qui ouvre dans la contemplation le chemin du salut. Ainsi la religion suppose l'Art lequel éclôt et confirme les conquêtes de la religion, il est lui-même religion. (2) » *(L'Homme d'oc.)*

Ainsi Bousquet pourra retrouver l'affirmation de l'être dans le monde. Mais si le mythe est promesse d'unité — est unité —, le désordre, la séparation, tout, doit devenir mythique.

Il ne saurait y avoir d'une part une pensée rationnelle qui nommerait l'évidence de la séparation, du désordre, et de l'autre une pensée mythologique qui résoudrait un problème soulevé par la pensée rationnelle. Nous avons vu d'ailleurs que la conscience de la séparation, si elle est un problème pour la raison n'est pas d'abord un problème rationnel, au contraire elle est l'origine existentielle du mouvement qui va plonger

---

(1) Dans le manuscrit Bousquet a raturé « enfantement » pour écrire « genèse ».

(2) Deux états pour la fin du passage :

a) elle est la sensibilité au Beau, et les artistes nous dirons qu'elle est cette forme du Beau, toujours saisie au cœur du vertige. L'Art facilite et confirme les conquêtes de la religion, il est lui-même religion.

b) elle est la sensibilité au Beau. La religion suppose l'art lequel est hanté par l'idée de salut et facilite et confirme les conquêtes de la religion, il est lui-même religion.

Bousquet dans une structure de pensée mythologique. Mais il faut, pour établir complètement l'unité que la raison intègre elle aussi l'univers mythique.

Et Bousquet se fera le contemporain des cosmogonies qu'il a enfantées et qui l'ont engendré. Ainsi, il est contemporain de la chute qui est le signe même de la création, et il peut lire dans sa blessure comme dans sa condition d'existant l'indice de cette chute.

Joë Bousquet peut créer des mythes en tant que contenu car il retrouve en lui l'origine du processus de la création des mythes. L'art comme la religion depuis l'aube de la pensée rationaliste avait pour fonction de canaliser la conscience mythique pour laisser le champ libre à la pensée rationnelle. Le Beau selon cet art racontait « à l'homme ce qu'il est » au lieu de l'affranchir de sa condition et de l'aider à concevoir « ce qu'il est capable de devenir » (*L'Homme d'Oc*).

Il appartenait à Bousquet d'essayer d'instaurer un art, un Beau qui soit la figure de la conscience mythique. L'Amour étant le point central de cette création, le Beau créé ne pouvait être, dans un premier temps, qu'un Beau féminin « qui ouvre dans la contemplation le chemin du salut ». Un chemin, oui ; car seul l'Androgyne libèrera réellement le lien de la conscience avec l'âme universelle.

> L'homme et la femme sont dissemblables par la forme. A travers les conques jumelles de leurs corps l'être unique qu'ils étaient a vu sa profondeur se retourner contre elle-même ; et, entre les deux apparences qu'elle devient, précipiter le monde comme le vertige éternel *d'un rayon cloué à ses ailes.*
>
> [...] Lumière, extase de ce qui fut un corps en étant l'amour, te voilà cadavre, infranchissable pourriture, un gouffre de réalité que l'amour seul, un instant, ou le crime à chaque minute d'une vie parviennent à combler.

L'amour, cœur de l'imagination créatrice, le crime, qui n'est que l'autre face de ce point central d'un absolu qui a deux têtes, permettent de recréer l'Androgyne primordial qui lui-même n'est peut-être qu'une métaphore vraie pour nous donner à voir dans la transparence du corps primordial... un point :

> « Un point dominant le corps dont il était le centre et qui se change à travers lui en son absence de tout lieu réel, devient la chair dans l'effort qu'il fait pour la quitter, et remontant

> tous les degrés de la chute qui a enseveli cette chair en elle-
> même, fait s'élever et peser sur elle une expression de l'infi-
> ni. » *(L.I.)*

La conscience mythique permet d'échapper au tragique de
l'existence ; en dehors de tout contenu, de toute doctrine, elle
est voie de salut car réintégration de l'être ; elle donne un sens
à la destinée et fait ainsi du temps et de l'espace des substances
mythiques.

Ce que Novalis a dit d'une façon bien théorique :

> — La mythologie contient l'histoire du monde des archéty-
> pes : ele enclôt le passé, le présent, l'avenir,

et Kierkegaard dans un vocabulaire philosophique :

> La mythologie consiste à maintenir l'idée d'éternité dans la
> catégorie du temps et de l'espace,

Bousquet tentera d'en donner l'expérience au lecteur, expérience poétique, imaginaire, mais bien réelle. Il est urgent pour
Bousquet de redonner à l'esprit (uni à la sensation) la place
qui est la sienne, de le mettre au service de son idée la plus
haute de la vie.

Que veut-il ? Reprendre à son compte l'entreprise désespérée
des cathares et des troubadours pour arracher l'homme au
discontinu. Et cette entreprise est rien moins que rétrograde.

> — Réussira-t-il à enfanter la conscience de l'homme moder-
> ne et à substituer un humanisme intégral à l'humanisme de
> convention ?
> Son intention est de pourvoir son temps d'un ordre moral
> accommodé à la prodigieuse puissance soudain échue à l'hom-
> me physique. Que l'on sache ce qui le distingue : une vue
> physique de l'âme, une idée de son être intégral, par contre-
> partie, l'horreur congénitale de la gravité au masque de cen-
> dres, une *gentillerie* d'homme qui se veut inimitable en demeu-
> rant naturel. *(L'Homme d'oc.)*

Mais pour enfanter cette conscience il faut qu'une voix
s'élève, celle du poète ; le poète n'étant pas celui qui crée la
poésie, mais celui qui amène lentement, patiemment au jour

la poésie cachée en chaque objet. Seule la voix est capable de l'exprimer vraiment ; non pas la parole écrite, mais la parole prononcée qui établit physiquement le lien de l'esprit et du monde :

> Le génie d'oc est le génie de la tradition orale, c'est-à-dire qu'il écrit sur l'objet même le signe qu'il en veut retirer. Plus qu'aucune race au monde celle-ci s'est approchée de l'être et a appris que ne se divisait pas ce qui en était issu. A l'idée de l'obligation morale qui connaît son objet, l'homme d'oc substitue la notion de responsabilité qui ne mesure pas le sien, car elle grandit avec la vie, la dépasse dans l'espoir, ce qui donne à l'individu une conscience morale illimitée comme le rêve. Et la conscience est bien la seule chose au monde qui doive s'illimiter pour sortir du chaos. (L'Homme d'oc.)

Bousquet avait d'abord écrit sur le manuscrit : « il écrit sur l'objet même le sens qu'il entend lui donner », signe de l'ambivalence perpétuelle des rapports de Bousquet et du monde... Ecrire sur Bousquet c'est être amené à nier constamment ce que l'on vient d'écrire et à donner à lire ce que l'on sait promis à un prochain effacement ; mais n'est-ce pas là la volonté de forger au lecteur, et à lui-même, une conscience illimitée ?

Nest-ce pas là aussi pour nous rappeler que le langage est lui aussi un objet à désenfouir ? De *Traduit du silence* à *Langage entier,* il n'y a pas contradiction mais au contraire volonté de résoudre les antinomies par « coïncidentia oppositorum » ; opération chère aux alchimistes que connaissait bien Bousquet.

Cette structure de pensée mythologique détruit toutes les tentatives de mise en système du discours critique. Cela me rappelle la rencontre entre Abû'l-Walid Ibn Roshd (Averroès) et Ibn'Arabi — racontée par ce dernier dans les « *Fotûhat* » :

> Averroès : « Quelle solution as-tu trouvée par l'illumination et l'inspiration divine ? Est-ce identique à ce que nous dispense à nous la réflexion spéculative ? »
>
> Je lui répondis : « Oui et non. Entre le oui et le non les esprits prennent leur vol hors de leur matière, et les nuques se détachent de leur corps. »

Dans le monde d'après la chute, la parole se résout en discours. Le discours veut avoir un sens, c'est-à-dire seulement une direction. Mais n'oublions pas que, plus que toute autre expérience, au point de jonction du rêvé et du vécu, l'amour témoigne que « la vie est indivisible », qu' « elle est toute dans chaque homme ». Grâce à la femme, à cette femme, cette vie entière qui n'était qu'une ombre tressaille dans l'ombre, se développe « et la subjectivité en s'extériorisant, a extériorisé celle du monde ».

Mais quelle est cette femme et quel est cet amour ?

Car l'illumination paraît s'effacer aussitôt qu'entrevue : « Les amants s'unissent, c'est un rêve et ce n'est pas le leur. » (*Tradition d'oc.*)

De la conscience séparée aux mythes de l'Amour...

Ce que nous avions pris pour une trajectoire se résoud à un point, illimitant le champ de notre conscience et le sens de la quête ; et ceci nous ramène à une maxime majeure de la mystique — qui est aussi la poétique — de Bousquet :

> L'homme n'est pas un point dans l'existence de Tout, il est l'existence de tout en un point.

Note : certaines citations sont extraites d'un cahier inédit de Joë BOUSQUET, *Le cahier Saumon*, sous-titré *Encres.* Il a été écrit en 1939, du 9 août au 17 novembre. Il est surtout un cahier de réflexion sur le langage et sur le travail de création. Ce cahier a été offert à Hans Bellmer le 18 mai 1946.

LES SPÉCULATIONS SUR LE LANGAGE DANS " LA TISANE DE SARMENTS " DE JOË BOUSQUET

par Nicole Bhattacharya

Le roman de *La Tisane de Sarments* renferme une double aventure : tout d'abord, celle d'un infirme, qui est Bousquet, son expérience de l'amour et de la mort. Le récit, à la première personne, qui est censé se dérouler au fur et à mesure que les faits s'accomplissent, à la manière d'un journal, s'accompagne de rêves et de méditations où se reflètent l'ambition et la préoccupation constantes de Bousquet : parvenir à être. « Le fait est que l'homme n'est pas » [...] « il est une espèce de valeur négative et dont l'accroissement augmente l'exil » (1).

La seconde aventure est celle du langage. En même temps qu'il s'interroge sur le mystère de la vie, en contrepoint, en quelque sorte, Bousquet explore le mystère du langage, car la nécessité d'écrire se présente à lui comme une nécessité aussi pressante que celle de vivre. Il s'attache moins à déterminer des techniques d'expression qu'à découvrir la nature véritable du langage et sa finalité.

Cependant, Bousquet, comme le soulignait Ferdinand Alquié (2), « ne va pas de la réflexion à la vie [...] n'a aucun système [...] Il ne se construit pas, il ne s'exprime pas, il se manifeste. » D'où, à la fois, son intérêt et sa difficulté. On ne trouve, dans son roman, ni une théorie en forme du langage, ni même une marche régulière, progressive et cohérente de la

---

(1) Lettre à Christiane Burucoa, Pâques 1944, *Cor.*, Gallimard, p. 264.

(2) *Philosophie du Surréalisme*, post-scriptum et notes sur Joë Bousquet, Flammarion, Bibliothèque de philosophie scientifique, 1956, p. 225.

réflexion. Il procède par approfondissements soudains, puis revient en arrière ; il n'hésite pas à prendre des positions contradictoires ; souvent, enfin, il n'exprime qu'incomplètement sa pensée, ou obscurément, à travers des visions et des symboles.

Si j'ai choisi le mot « spéculations », bien qu'il implique, en principe, une forte élaboration intellectuelle, ce n'est que pour signaler l'audace des vues de Bousquet sur le langage. Il s'aventure dans des régions où on ne l'a pas précédé et où on peut éprouver quelque difficulté à le suivre.

Chercher le fil, ou plutôt, un fil qui permette de relier ces démarches de Bousquet pour pouvoir en rendre compte, les expliquer (au sens étymologique du terme), tel est le projet, peut-être utopique, de l'exposé que voici. Des articulations pourront manquer. C'est en recourant à d'autres œuvres qu'il faudra les restituer. Néanmoins, c'est dans *La Tisane de Sarments* qu'on peut faire la plus riche moisson des opinions de Bousquet sur le langage.

Essayons donc de cerner la pensée de Bousquet en fonction des deux perspectives évoquées plus haut et de découvrir ainsi quelle est, selon lui, 1) la nature véritable du langage, 2) sa finalité.

I. — LA NATURE VÉRITABLE DU LANGAGE

Les expériences de Bousquet ne pouvaient pas se dire dans les termes du langage ordinaire. Pour nous en persuader, il convient de résumer rapidement celles-ci.

Avec l'aide de la drogue, Bousquet se livre à une expérience métaphysique de l'amour charnel : « la drogue illimitait l'amour et l'amour innocentait la drogue », comme l'explique René Nelli (2 bis). Il lui est donné d'entrevoir l'unité de l'homme et du monde dans le corps perdu d'un androgyne cosmique à qui tout aurait été intérieur. Cet androgyne est l'être d'avant la création du monde, c'est-à-dire de l'univers manifesté, extériorisé, création qui est chute de l'Un dans le divers, éparpillement dans l'espace et le temps : « la chute est contemporaine

---

(2 bis) *Joë Bousquet, sa vie, son œuvre*, A. Michel, 1975, p. 28.

de la création, elle ne lui est pas consécutive » (3). Mais il est aussi, en permanence, l'en-deçà de ce monde, dans les profondeurs incréées d'où toute chose s'exile pour venir au jour : « Une fleur s'ensoleille et prend une forme, mais en s'exilant dans cette apparence, crée sa propre absence » (au Tout, en se limitant) « dont sa forme sera le foyer » (*SC,* 11).

Et quand Bousquet parle de Dieu, il pense à cet androgyne cosmique, qui est l'Etre même. Un tel Dieu n'est pas transcendant à l'homme, l'homme s'est exilé hors de Lui, en se séparant, en somme, de soi-même. Dieu dort, si l'on peut dire, dans les profondeurs insondables de son être de chair : « l'homme est une créature, il est séparé de Dieu, c'est-à-dire de lui-même car il a Dieu dans le cœur » (*TS,* 81).

Le retour à l'Etre semble ne devoir s'opérer que dans la mort : « tout ce qui est visible est hors de soi et il doit mourir pour atteindre à l'être », dit *La Tisane de Sarments* (65). Toutefois, pour que la mort soit véritable, anéantissement de l'individu, et non simple transmigration dans une autre forme à l'intérieur de l'existence (par exemple, Dom Bassa, le moine troubadour du roman, s'est réincarné en Bousquet), il faut qu'elle soit le complément, le signe visible et comme l'écho d'une destruction spirituelle totale, de la négation de ce qui restait d'être dans les limites du moi. C'est alors que le Néant rejoint l'Etre, y retourne : « Si Dieu est Dieu, tu ne peux l'exclure sans entrer dans son cœur » (*LE,* 112).

Bousquet, on le voit, ne cherche pas l'Etre dans la suprématie de l'intelligence, mais dans la plénitude sensible, la densité vitale, bien qu'il emploie sans cesse les mots de « vérité » et de « connaissance » : le premier, sans doute, au sens de « Réalité absolue » — impensable, d'ailleurs — le deuxième, peut-être au sens étymologique de « co-naissance ».

Le langage devra donc saisir le monde jusque dans l'unité de ses profondeurs, c'est-à-dire « chaque objet jusqu'à la racine qu'il a dans les éléments qui nous créent nous-mêmes » (4), bref, l'existence jusqu'aux sources d'où elle jaillit : « comme un prisonnier qui écrirait sur les murs avec un morceau de sa chaîne, je prenais tous mes mots dans le temps, m'ef-

---

(3) « Fragments d'une cosmogonie », dans *Le Génie d'Oc et l'homme méditerranéen, Cahiers du Sud,* 1943, p. 375.

(4) Lettre à Gaston Paul, août 1948, *Cor.,* p. 324.

forçant de former avec eux une vérité créatrice, donc susceptible d'engendrer du temps » (*TS*, 224).

Cette tentative aboutit au langage poétique, langage radicalement différent du langage ordinaire. Ce dernier a suivi l'homme dans sa chute et il se calque sur la vision d'un monde où les choses sont extérieures les unes aux autres et extérieures à l'homme. Il est le véhicule de la pensée rationnelle dont les distinctions murent chaque chose en elle-même, les rivent à leur identité et les introduisent dans l'espace et le temps. Au contraire, « la poésie est expression *non pas de la pensée mais de la parole*, dans un immense éboulement de la voix qui, sans doute, est l'Etre même » (*LI*, 24). Or, la voix est, pour Bousquet, une réalité quasi mythique et bien autre chose que les sons émis par le larynx. Elle surgit de l'intériorité charnelle de l'homme : « ma voix s'élève toute pétrie de la chaleur humaine », de cet envers, de cet en-deçà qui a, dit-il, « les profondeurs de la planète » (5). Elle est l'unité de l'homme et du monde, fondus dans une même vibration qui va se diversifiant en mots. « L'homme serait la vérité du monde (puisqu'il est l'Un dans ses profondeurs secrètes), « la voix serait la vérité du langage » (6).

Dans la mesure où c'est la voix qui guide le choix des mots, l'artiste retrouve le chemin qui va de l'incréé au créé et sa parole devient la face interne de tout événement et de toute chose. « La parole cristallise à la frontière où se forment les faits », (*LE*, 54).

Ainsi la parole poétique vient de beaucoup plus loin que l'homme phénoménal. Elle est le Verbe créateur partiellement capté. Bien qu'elle aboutisse dans le temps et l'espace, elle plonge ses racines dans l'Absolu.

Enfin, puisqu'elle n'est autre que le Verbe, elle ne représente pas seulement les choses, elle est les choses, non sous leur forme manifestée et déchue, mais sous leur forme essentielle, à savoir le courant sous-jacent qui les amène à l'existence :

Qu'un artiste découvre la constitution secrète de l'univers,

(5) Lettre à René Renne, 27 août 1945, *Cor.*, p. 190.

(6) Lettre à Aragon, parue dans le n° 4 de *Poésie 41*, mai-juin 1941, reprise dans l'appendice au recueil *Les Yeux d'Elsa*, Seghers, 1966, p. 148.

non pas son origine, mais selon quelle suite de valeurs connues il s'échelonne de l'un au divers, quel service va rendre à cet artiste la connaissance qu'il vient d'acquérir°? Je crois le savoir. Dans une idée convenable et correcte de ce qui est, il ne pourra spontanément rien énoncer qui ne soit du même coup aussi réel qu'un phénomène, aussi rigoureusement matériel. Se laissant traverser de la vie, il devra reconnaître dans ce qu'il voit, ce qu'il imagine et ce qu'il dit des expressions partielles mais également appropriées de l'unité à travers lui manifestée. L'aisance rendue au génie, la facilité dans la création, l'inconscience et la force ne faisant qu'un dans une pensée qui s'agrandit sans cesse, car il n'y a rien pour s'en retrancher. (*TS*, 62-63.)

Simultanément, l'homme, métamorphosé, remonte en lui-même les degrés qui l'ont conduit à la manifestation, à l'existence : « Sans les lenteurs de la matière, l'homme disparaîtrait dans ce qu'il dit » (7).

S'il en est ainsi, la trame secrète de toute chose est musique et chant. C'est ce que vérifie *La Tisane de Sarments*, chaque fois que, sous l'influence de l'amour ou de la mort, l'auteur se glisse en quelque sorte de l'autre côté de l'existence. « Une chanson est dans le soir, je me demande si je l'entends » (52), dit Bousquet, dans un moment de total abandon. Ou bien, sondant son propre néant : « Après tout, laisser mourir sa vie, ce n'est pas si triste. Cela dépasse l'imagination, voilà tout. Un monde à découvrir, l'éclosion d'une romance étrange, plus que notre souffle faite pour nos lèvres, une chanson qui dit qu'il est plaisant d'avoir des yeux » (95). Ou encore, se sentant obsédé par l'idée du meurtre de la femme, Bousquet s'écrie : « Chansons, ô chanson, écoute. La musique est le soleil de ce qui ne voit pas (8), la musique est la voix de la matière qui veut être au cœur d'elle-même » (*TS*, 173).

Curieusement, à son degré suprême d'intensité et de richesse, cette voix dépasse toute possibilité d'expression et devient silence, silence de la plénitude absolue : « Trois heures du matin... le silence vibre, il est la fin d'une voix dans une âme trop grande pour s'exprimer » (*TS*, 80).

Et, si le monde dans ses profondeurs secrètes est musique, voix, toute représentation authentique des choses doit obéir aux dictées de cette voix.

---

(7) Lettre à Louis Emié, 20 janvier 1948, *Cor.*, Gallimard, p. 58.
(8) C'est-à-dire : des profondeurs souterraines de tout ce qui est venu à l'existence.

La preuve doit en être fournie par le rêve, car le rêve, aux yeux de Bousquet, est beaucoup plus qu'un langage symbolique de l'inconscient humain : il est représentation du monde dans sa vérité même. Ses combinaisons, en effet, traduisent « un ordre d'avant la pensée » (*TS*, 36) (il faut entendre : d'avant la pensée rationnelle), qui n'est autre que l'ordre réel des phénomènes. Le rêve ignore le temps (présent, passé, futur interfèrent), l'espace (non seulement il réunit les choses les plus éloignées, mais toute localisation et toute proportion disparaissent) (9) ; il ignore le principe d'identité (un personnage peut en devenir un autre) (10) et le principe de non-contradiction (on peut être mort et vivant à la fois, par exemple) (11). Il renie la causalité objective au profit d'une finalité spirituelle dans la perspective de laquelle toute chose n'a plus qu'une existence symbolique. Et tout finit par se relier, se rejoindre, selon un système de convergences qui ramènent la diversité apparente du monde manifesté à son unité fondamentale. C'est ainsi que le rêve — et le rêve seul — rend compte des lois du devenir qui président à l'apparition, transformation et disparition de toute chose.

Or, le rêve se révèle être un produit de la parole : « Le rêve est un phénomène purement verbal », écrit Bousquet à Hans Bellmer le 18 avril 1945 (*Cor.*, 125), et à Max Ernst le 12 juillet 1945 (*Cor.*, 177) : « Je sais maintenant que le rêve est langage. » Il découvre, en effet, les « frayrolles » qui sont « les paroles dont le rêve émerge ». Le rêve ne serait donc autre chose que la vision restaurée dans sa vérité, sous l'inspiration de la parole.

Enfin, dans ces conditions, l'extase amoureuse au sein de laquelle les amants rejoignent l'androgyne cosmique n'a pas seulement la vertu de leur rouvrir la porte des songes, de provoquer l'épanchement du rêve dans la vie réelle : « L'homme qui pense est hors de soi. Et sa vie, disait Dom Bassa, serait aussi misérable que celle d'un animal s'il ne lui avait pas été donné un corps fait de songe afin qu'il pense en lui sa pensée » (*TS*, 230). Elle leur rend aussi l'usage de la parole

---

(9) Un morceau de sucre peut se substituer à un croiseur, occupant, comme lui, tout l'espace. Voir *TS*, 124.

(10) Par exemple, Bousquet s'aperçoit soudain qu'il est lui-même l'ami en train de se compromettre et qu'il s'efforçait d'avertir (*TS*, 11-12).

(11) Comme Paule Duval, le Fox et lui-même, dont le sort se révèle indissolublement lié dans le rêve de l'exhumation de Paule Duval (*TS*, 218-219).

originelle et créatrice : « L'union des corps, disait-il encore, fait vaciller les trônes, et, pour la joie des hommes, accouple monstrueusement le verbe et sa vérité. Il n'y a pas d'excitation plus efficace pour un mortel que de faire parler son patois à la lumière de Dieu » (*Ibid.*).

Au sommet de l'extase, les amants remontent même jusqu'à la pure expression vocale dans laquelle se résorbent les mots : « Comme sa voix, ma voix tremblait en trouvant ses mots. Elle ne s'élevait que pour atteindre on ne sait quoi en elle-même, elle était hors de toute parole » (*TS*, 117).

Les observations précédentes permettent de définir une méthode pour aller à la rencontre du verbe poétique. Il n'apparaît que sporadiquement et par bribes, à la faveur du rêve, de l'amour et de la mort. Mais pour en favoriser l'éclosion, en provoquer même l'apparition, on peut d'abord tenter l'effort de pénétrer les faits eux-mêmes, puisque le monde est langage et voix dans son intériorité la plus secrète. Il s'agit, toutefois, « d'apprendre à lire *ces faits,* non à lire *dans* ces faits. Les réduire à l'état poétique, qui est la *vie à sa source,* et voir, sous ces traits, la nature même de l'homme » (12).

On doit donc en déceler les parentés et les véritables raisons d'être. Ce résultat s'obtient en mettant à jour le réseau des coïncidences, qui font fi du mensonge de l'espace, du temps, de la causalité objective, de l'extériorité (des choses entre elles et des choses au sujet) et confèrent à tout ce qui existe et se produit une valeur purement symbolique. Ce travail revient, en somme, à déchiffrer ce qu'on appelle « le réel » avec les yeux du rêve : « Je me suis toujours efforcé de montrer les choses sous l'angle du merveilleux qui est la simplicité même de leur existence » (*TS*, 177).

Il en résulte un changement d'axe important dans la production littéraire : au roman se substitue le journal et, finalement, le conte. L'intrigue qui racontait une histoire, vécue ou non, disparaît au profit d'une notation attentive aux menus faits, cueillis au jour le jour, et éclairés par les coïncidences, qui donnent à chaque instant toute la profondeur des songes qu'il suscite. On ne descend ou ne redescend plus le cours du temps vécu, on creuse les instants et on dépasse le temps : « Le

---

(12) Lettre à Hans Bellmer du 22 mai 1946, *Cor.*, 163. Souligné dans le texte.

roman disparaîtra, asphyxié par la vie même », prophétise
Bousquet. « Chaque heure est trop pleine, trop lourde pour
revenir sur ses pas, même par fiction. Il faut à nos contemporains, désormais, des livres où le temps va de l'avant et se met
à rêver » (*TS* 175). Dans un tel journal, le récit tend à s'organiser
en conte pur : en effet, tout étant devenu convergent et symbolique, l'ordre même des temps et des lieux, la cohérence du
point de vue objectif et rationnel, qui n'étaient, l'un et l'autre,
qu'un résidu superflu, finissent par être abandonnés :

> J'ai voulu que ma vie soit la transparence d'une pensée
> préparée à s'aimer en moi [...] J'espère que tous mes actes
> finiront par s'éclairer de la lumière qui engendre les songes.
> Si bien qu'il n'y aura plus, à travers mes joies et mes peines,
> que le moyen pour un esprit en enfance de cristalliser sa
> vérité dans le conte le plus clair qu'il pouvait former. (*TS, 36*.)

L'identité du sujet pourra, elle aussi, disparaître, à la faveur
d'une transposition dans un personnage de fantaisie, puisque
l'auteur n'est, après tout, « qu'un rêve comme un autre », ainsi
que Bousquet l'affirme de lui-même (*Ibid.*).

Dans cet éclairage onirique du monde, qui nous fait remonter au-delà des bornes de l'existence — « le soleil souterrain est
l'astre même des contes » (13), les mots et les phrases du langage
poétique vont se mettre à sourdre spontanément :

> « Je cherchais tous les faits susceptibles de me faire tomber
> sous la domination de ma parole. Je me les racontais comme
> si le langage en eux avait approfondi son mystère. Alors ma
> voix chantait dans le noir... » (*Pas.*, 120.)

Il écrit encore :

> « J'appliquais d'instinct, quand j'écrivais, l'événement le
> plus prévu dans le firmament des coïncidences. J'écrivais dans
> l'obsession d'une voix à entendre. Et il me semblait que cette
> parole se faisait jour dans le silence de la pensée et que son
> innocence était à sa source dans les rencontres qui mettent la
> raison en défaut. » (*Pas.*, 155.)

Sans doute est-ce même à l'appel de cette voix, qui veut
être entendue, que le récit avait pris corps — involontairement

---

(13) Lettre à Suzette Ramon, novembre 1942, *Cor.*, 317.

pour ainsi dire, et le moi phénoménal, sujet à la souffrance, se sublimera dans une conscience plus vaste, au fur et à mesure que cette voix remontera vers le silence de l'absolu :

> « Je ne sais pas comment on peut raconter une histoire. Mon intention n'est pas d'entreprendre un récit, je vais dans mon passé pour y rendormir une voix. » (*TS*, 141.)

Le point est atteint où un renversement s'opère. Si, comme nous l'avons vu, « le langage de la poésie est issu du sommeil » — et, faudrait-il ajouter, du rêve éveillé comme du rêve endormi, du rêve reconstitué comme du rêve spontané —, une fois surgi, c'est lui qui enfante, en écoutant sa mélodie intérieure, un songe du réel, de plus en plus obscur, d'ailleurs :

> « La lumière du jour, les accords musicaux qui résonnaient au contact de ses phrases les plus retenues, les plus avares, c'est au-dedans de sa parole qu'il les éveillera désormais comme le pressentiment de tout ce à quoi elle doit s'adapter et se promettre pour qu'il n'y ait rien en une vie qui ne lui soit intérieur. » (*TS*, 157.)

Et le son inspire les métamorphoses du sens :

> La nécessité de répondre à une certaine émotion sans sortir de certains sons condamne à attendre indéfiniment que la suite des sensations se soit pliée à cette exigence... On attend que l'inspiration oblige les rares mots qui nous sont permis à recourir à leur *ressource suprême qui est de signifier grâce à nous n'importe quoi...* Imaginez une orfèvrerie où l'art serait d'incorporer à un bijou un cabochon de plomb ou de fer. Je définis ainsi le poème : *un miroir où le langage fixe une vision de l'esprit avec une image de son mouvement — de son mouvement à lui, de son mouvement organique.* (14)

La structure du langage poétique se signale d'abord, selon Bousquet, par l'invention des images : la métaphore tend à se substituer partout au terme propre. Comme chez les surréalistes, il ne s'agit plus de superposer des objets semblables, pour confirmer dans les traits de sa physionomie actuelle le monde où nous vivons. L'image est non ressemblante — sans être pour autant gratuite, car le poète obéit à une dictée intérieure : « C'est malgré moi que l'âne jadis obéissant des métaphores a fourré

---

(14) Lettre à Louis Emié, sans date, *Cor.*, 54. Souligné dans le texte.

son museau dans ses paniers. Ce n'est pas ma faute si je dis : les étoiles de l'argent, les dents brûlées de la pierre » (*TS*, 178).

Qu'on y prenne garde, cependant : on ne trouve pas, chez Bousquet, ces « collisions flamboyantes de mots », pour user de l'expression de Jacques Vaché, qui caractérisent l'image surréaliste. Chez lui, la métaphore n'aboutit pas à la création d'un objet surréel, qui serait, soit un précipité du désir, soit ce qui est mais demeure encore inconnu, s'il est vrai que l'esprit se tient en communication permanente avec le magnétisme terrestre, comme le pensait Breton. Et l'imagination aurait, alors, « une portée purement psychologique ou cosmologiquement révélatrice », suivant l'alternative posée par F. Alquié, dans son livre *Philosophie du Surréalisme* (p. 169). La métaphore de Bousquet vise à abolir purement et simplement toute existence : « L'expression poétique rencontre la mort de l'objet qui nous a ému » (15). Et, s'il en est ainsi, c'est qu'elle nous entraîne dans l'en-deçà du visible, dans l'outre-voir, et nous fait découvrir, grâce à une perception qui reçoit et recompose toute chose dans notre intériorité charnelle la plus secrète, l'identité substantielle de ce qui apparaît comme distinct au niveau du monde manifesté. Cet exemple de *La Tisane de Sarments* éclaire ce processus : « Un homme pense : aussitôt que ses yeux se sont fermés, il n'y a pas de plus belle fleur que le vent » (*TS*, p. 65).

Ainsi, la métaphore nous achemine vers la grande nuit de l'unité cosmique, où dorment tous les possibles : « Je n'ai jamais su ce que je voulais. Souvent, j'ai eu recours à des moyens poétiques pour communiquer, non pas ma certitude mais mon anxiété. Mon langage avait rompu ses limites, il les retrouvait à travers l'invention des images. Chemin faisant, il m'apportait quelques lueurs sur mes préoccupations dominantes : *absorber* l'espace et le temps, aimer l'impossible. Etre celui que je n'étais pas » (*TS*, 99-100, souligné dans le texte).

La métaphore dissout les cloisons du monde manifesté ; elle inaugure la libération de l'existence, et de toute existence. A la différence de ceux chez qui « l'espace et le temps forment le dedans de la pensée », « poètes et mystiques » se sont « affranchis des conditions de cette vie pour avoir découvert la libre route des images » (*TS*, 55).

---

(15) « Vers l'Inhumain », in *Cahiers de l'Etoile*, n° 16, juillet-août 1930, p. 65.

Au fur et à mesure que s'obscurcissent ainsi les traits extérieurs du monde manifesté, la voix et le chant s'élèvent et prédominent. Admirant « le style à contre-jour » de Shakespeare, Bousquet ajoute : « On l'apprend en écoutant les conversations près d'un mort ; ou dans les Cenci quand la mort est en marche ; toutes les fois que la parole *doit se faire un chemin dans la voix.* C'est un chemin dans le chant... » (*LE,* 25, souligné dans le texte).

Dans la voix, dans le chant, le lien ininterrompu du rythme et de la mélodie est la forme sensible de l'unité retrouvée au-delà des apparences du monde. C'est pourquoi, dans cette phrase curieuse de *La Tisane de Sarments,* Bousquet les associe à l'extase amoureuse, qui aboutit au geste de tuer pour libérer l'amant des entraves de toute extériorité : « Je cherchais ce que la continuité du rythme donne à la poésie, la mélodie à la musique, l'évanouissement du monde extérieur à l'instant d'extase où l'on contemple un visage que l'on aime ou un corps que l'on va blesser » (93).

Les mots, alors, se raréfient : « J'enterre chaque jour un plus grand nombre de termes sans vertu » (*TS,* 177). Contraction du discours, mais aussi, épuration du lexique par l'élimination des mots « sans dimension », des mots rivés à leur sens courant, « incapables de supporter le baptême et le bain de la nuit » (*LE,* 74). La parole regagne progressivement son degré suprême, qui est le silence, le silence de la plénitude indicible : « Bientôt je ne parlerai plus que pour ceux qui me devineront » (*TS,* 177).

On reconnaît, dans ce qui précède, la distinction capitale faite par M. René Nelli, dans son *Joë Bousquet, sa vie, son œuvre,* entre la « poésie-fiction » des contes et la « poésie-langage ». Il semble qu'il n'y ait pas de solution de continuité entre les deux, même si Paulhan a invité Bousquet à les séparer dans ses œuvres et à les faire coïncider, réciproquement, avec la prose et avec les vers.

II. — La finalité du langage

La parole et l'écriture semblent d'abord dictées à Bousquet par le besoin de communiquer ses découvertes. Toutefois, il

cesse très vite d'expliquer ce besoin par le désir, somme toute
égoïste, d'être compris pour échapper à sa solitude : « Je sais
bien comment l'envie m'est venue d'écrire », disait-il à la
première page de *La Tisane de sarments*. « j'ai voulu donner
l'idée à mes semblables des sensations qui me forgeaient au
milieu d'eux une existence d'étranger ».

Il invoque, alors, l'impérieux « devoir » de faire partager
ses découvertes dans l'intérêt d'autrui : « A force d'absorber
des flacons de la drogue que Sabbas m'a vendue, j'ai aperçu
en moi une espèce de gisement. Que le trésor sorte en mor-
ceaux pourvu que je ne l'emporte pas en mourant. Restituer,
c'est tout le but de ma vie désormais (67 et 68). Et il se prend
à espérer que les efforts conjugués des artistes finiront par
forcer l'obstacle de l'univers manifesté : « Se plonger dans les
profondeurs spirituelles pour échapper aux dévastations du
jour. Tous les effets de l'art et, justement, s'ils restent authentiques, les plus inattendus témoignent que les profondeurs se
desserrent peu à peu. » (172)

Cependant, si le langage poétique n'est autre que le Verbe
lui-même, et donc le monde dans sa réalité profonde, et s'il
est possible de le désenfouir à partir de bribes que l'on re-
cueille ou dont on sollicite l'apparition, il est évident qu'il
ne sert plus seulement à faire connaître, fût-ce en les ressus-
citant, des expériences limites où il a été donné à l'homme
de vivre l'unité cosmique d'avant l'existence. Son rôle va bien
plus loin. Inspirateur et non traducteur, il fait progresser
l'homme dans son expérience mystique bien au-delà du point
qu'il avait atteint ; il le guide au lieu de se laisser guider par
lui, l'illuminant et aveuglant tout à la fois par des révélations
qui surpassent toujours ce qui peut être conçu et senti :

> « Celui qui invente », dit Dom Bassa, double de Bousquet,
> « se pénètre de la pensée d'une révélation qu'il va faire, et
> donc, se dépouille de soi dans l'idée de la plus haute perfection
> imaginable, on dirait qu'il est seul avec Dieu ».
>
> « Ainsi est-il amené à concevoir la parole comme plus
> élevée que la pensée et plus riche de sens. Il faut qu'il s'exalte
> pour la saisir au lieu de s'abaisser. Ce qu'il dit est incompa-
> rable. La définition de chaque personne et de chaque objet
> montera droit comme une flamme vue de partout. Transparente
> pour les yeux, chargée d'une réverbération pour le regard » (52).

Voici donc mis à jour le motif essentiel de l'acte d'écrire :

non plus communiquer des découvertes au profit de l'humanité, mais partir à la recherche de son propre salut : « Nul n'a jamais tenu une plume que pour unir ce que ses désirs trouvaient séparé, et beaucoup moins pour s'exprimer que pour s'intégrer » (157). Si bien que « l'acte d'écrire n'est qu'une forme particulière du geste que fait un esprit pour s'emparer de sa vie » (156).

Cet acte d'écrire, Bousquet finit même par le préférer à l'acte de vivre. Il s'agit, pour l'écrivain, « d'aspirer, seul, entre tant d'hommes, au privilège inconcevable de se faire plus réel qu'on ne l'a créé » (98). L'amour même doit être subordonné à la création poétique : « Aime, avait écrit Dom Bassa, pour que ton âme à la fin s'envole de ta bouche et non pas de ton sexe » (234).

L'idéal de Bousquet serait de s'installer tout entier dans l'univers de la parole, de l'habiter uniquement : « J'ai cru pouvoir atteindre le cœur du monde dans mon langage. J'étais comme un blessé qui aurait voulu s'établir entre son souffle et ses lèvres » (224). Il voudrait même que tout son être en fût le fruit : « Mes lèvres serez-vous un jour la chair de mon cœur ? » (298).

En effet, le bonheur de la liberté, qui consiste à s'identifier à son destin, quel qu'il soit, est alors retrouvé, puisque l'artiste, réintégrant les profondeurs d'où tout émerge, coïncide, dans l'invention, avec le mouvement qui amène chaque chose à l'existence : « Il suffit d'apercevoir cette vérité [à savoir que l'homme écrit pour s'emparer de sa vie] pour se sentir plus heureux et comme plus libre, plus détaché de ce qu'on ne contribue pas à créer. On sent qu'on est sur le chemin du bonheur, que cette vérité montre la route à suivre et que le désir de lui donner une forme peut combler une existence » (156, 157).

Une sorte d'invulnérabilité en résulte aussi : quand l'individu redevient l'Etre illimité, il n'est plus atteint par ce qui porte préjudice au moi qu'il a cessé d'être : « Un jour ses blessures le font moins souffrir... Entre le même et l'autre il a découvert cette route magnifique où il voit tomber derrière lui tout ce qui gardait une chance de le désespérer. Il se dit : ce monde tient assez de place pour que la pensée qu'il existe tue en moi ce qui n'est que d'un homme. Approfondir cette idée, c'est se préparer à faire de la joie avec tout » (98, 99).

Bousquet, enfin, va jusqu'à caresser l'espoir d'une survie :

« L'œuvre qui reste met au monde ce que l'homme portait en lui de toute éternité. L'avoir écrite constitue pour lui la plus magnifique certitude de survivre »... car « il a pu s'installer vivant dans une profondeur contre les hôtes de qui le temps ne peut rien » (171 et 172).

Sommes-nous donc en paradis ? Non, ou plutôt, cela n'est vrai que sous un certain angle.

L'expérience mystique du langage présente, en effet, une face tragique : elle ouvre un abîme sous les pas du poète. Une scission s'opère en l'homme qui se trouve entraîné simultanément vers deux destinations contraires : être et néant.

« On ne possède que ce qu'on crée et dans l'instant où on le crée (16), observe Bousquet. Le passage du Verbe n'emporte l'homme hors de ses limites et ne l'introduit dans « l'incroyable » que par intermittence. Il retourne toujours à la finitude avec la conscience de sa misère, le sentiment d'être exclu, pire encore, celui d'avoir été dépossédé par son expérience de ce qu'il pouvait y avoir de positif en lui-même. Une lettre à Mme Stéphane Mistler (17) décrit parfaitement ce phénomène :

> [...] avancer, avancer encore dans l'incroyable où tout ce qui sera, me dis-je, ne sera que pour mes rêves, se sera élevé dans sa propre beauté sur l'oubli de moi-même, n'aura été qu'en me niant, mais pour être comme il ne sera jamais plus. Tout ce qui me fait sortir de mes limites m'ouvre un monde où j'entre sans moi. Je n'en reviens qu'avec le sentiment de ma misère, de mon indignité [...] Et mon enthousiasme de déplorable écrivain [...] ressemble à la passion que l'on peut avoir pour certaines puissances toxiques : elles nous introduisent dans un monde dont nous ne pouvons garder qu'une idée impuissante à se dépeindre et qui devient notre tristesse, le sentiment que nous sommes chassés. Et c'est de cela que les toxicomanes meurent, non de l'abus, mais des chutes successives hors du monde qui leur vole celui qu'ils y étaient devenus, d'un monde qui leur dit : si je suis, tu n'es pas. »

« Même quand je disais que le monde était issu de l'un, je ne lui prêtais nullement la faculté d'y retourner », précise

_____

(16) Lettre à F. Alquié, 2ᵉ semestre 1930, *Cor.*, 200.
(17) Décembre 1933. *Lettres à Stéphane et à Jean*, Albin Michel, 1975, p. 93.

Bousquet dans *La Tisane de Sarments* (118). Et d'en conclure, rapportant les mots de Dom Bassa : « Si Dieu existe, sa vérité ne peut être proclamée par l'Anti-Dieu (18) et celui-ci ne trouve Dieu que sous la forme susceptible de lui faire accepter son propre anéantissement ou sa damnation éternelle » (*TS*, 118).

D'ailleurs, la nécessité pour parler ou écrire de s'adresser à un auditeur ou à un lecteur — « je ne sais pas écrire si je ne m'adresse pas en imagination à l'un de mes amis » (19) prouve déjà que ce n'est que hors de nous, à distance de nous, dans l'entreprise de faire exister autrui de notre propre existence — pressentie et jamais atteinte — que peut prendre corps l'être infini que nous portons en nous :

> *Tout homme n'existe qu'expulsé de soi-même et en peine d'une réalité qu'il ne peut ajouter qu'à autrui.*
>
> C'est le mythe majeur, encore informulé, je crois... Chacun de nous est à soi-même un dépotoir de négations, mais la grandeur d'autrui. (20)

Cette étrange dichotomie explique que la possession soit dans l'aliénation même et que l'Etre soit conçu comme présent et absent tout à la fois : « Sentir toujours comme je le sens ce soir que ce que je pense de plus étonnant, cela justement n'est pas à moi, et que je dois le donner à tous pour qu'il m'appartienne, mais dans le passé et sous le signe de ce qui fut, le fait de posséder nous installant dans le domaine de la mort. Ce n'est pas un paradoxe, mais un espoir déchirant » (*TS*, 68).

En fait, l'homme n'atteint l'Etre que dans l'instantanéité d'une projection qui le vide lui-même de tout son contenu : « Il ne s'agit pas pour un individu d'être mais de rayonner. Il n'y a d'à peu près réel dans un homme que ce qu'il pourrait donner et de réel que ce qu'il donne » (181).

Certes, cette extinction spirituelle de l'individu est subie comme une nécessité, et recherchée par obéissance à l'ordre

---

(18) Le Fini opposé à l'Infini.

(19) Fragment de journal, *Cahiers du Sud*, n° 303, 1950, p. 216. Phrase citée par Charles Bachat dans « Le Sexe intérieur » in *Obliques*, n° spécial « Bellmer ».

(20) Lettre à Gaston Puel, janvier 1947, *Cor.*, 321. Souligné dans le texte.

cosmique, qui veut que soit finalement rejeté et nié tout ce qui appartient au domaine du monde manifesté et déchu : « n'est-ce rien ? avoir trouvé ce qui est pour moi le principe même d'écrire. On dirait que dans les limites de mes membres tremble une espèce de fantôme que je dois rendre à la nuit, au repos, au néant. Je donnerai une forme à ce que j'écris, je le séparerai de ma pensée, me fuyant dans un moi-même, inconnu... ma place est là-bas dans le noir. J'arriverai sans pensée, sans chagrin. Il n'y aura personne pour distinguer mes mains de mon visage » (68).

Mais une telle immolation correspond aussi à un instinct de mort. Elle comble un vœu secret du moi lui-même, qui cherche à faire coïncider la mort physique avec une mort spirituelle, pour que la première trouve ainsi son achèvement et son sens : « Tu crois que tu as ton œuvre à défendre contre ta vie ? Non, ton œuvre n'est rien. Elle est née du besoin de te détruire et anticipe dans ta douleur sur ta mort que tu dois lentement mériter » (60).

C'est, en effet, par cette conjonction seule qu'on atteint le Néant véritable, qui rejoint l'Etre (21). L'écriture serait donc encore, par ce détour de l'anéantissement, une voie lointaine et indirecte du retour de l'Etre.

Cependant, cet envers de l'extase créatrice n'est pas seulement la ruine de l'homme qui la vit. C'est aussi celle de tout ce qui existe. L'inanité en est percée à jour, après que l'extase a rendu les choses, pour un instant, à la profondeur et à la plénitude originelles où s'effaçaient leurs limites extérieures et leur identité. Il y a, dans l'œuvre Créatrice, une vocation apocalyptique. Elle exercera des ravages jusqu'à ce que les forces spirituelles de l'auteur se trouvent elles-mêmes anéanties. C'est ce qui, à en croire Bousquet, se serait produit trop vite chez lui, parce qu'il était déjà amoindri par sa mutilation :

> Des hommes plus forts que je ne suis ou héritiers de je ne sais quel splendide passé de crime et d'orgueil n'ont eu besoin d'agir pour que le ciel continuât à éternellement saigner à travers leurs mains de poètes et de peintres. Mais moi, j'étais faible, désarmé...
>
> [...] Me comprendre c'est me nier et je n'aurai jamais chanté que ma fin. Et ma gloire serait d'obtenir que cette fin soit l'anéantissement de tout ce qui a été avec moi. (TS, 250.)

---

(21) Voir supra, p. 74.

Et sans doute faut-il entendre que cette destruction du monde, quand elle est le fait des poètes, ne se limiterait pas à une simple négation dans l'imagination et dans l'esprit. La parole, en effet, a une puissance magique qui devrait geler, pétrifier réellement le monde. C'est ce que Bousquet découvre par lui-même dans la mesure où il demeure tout de même en lui d'authentiques forces créatrices :

> Le poison qu'il a fallu à ces hommes (22), la nourriture spirituelle qui les plongeait dans l'oubli d'un monde fait de fumée (23),
>
> Je dis qu'il est un poison et je veux y substituer mes dangereuses paroles.
>
> Elles ne sont pas la vérité (24) mais autre chose de mortel et dont un poignard de cristal serait une assez exacte image,
>
> l'extrême pointe dans la parole de ce qui fait le silence aussi grand que l'éternité ;
>
> l'interdit soudain jeté sur le monde par un mot le plus clair de tous.
>
> Une transparence sans fond sous la tristesse que nous devenons de tous nos yeux, de tout notre visage donnés en otage à ceux qui croient encore et pour si peu de temps que la vie est la vie. (*TS*, 121-122.)

La « clarté » du mot, le « cristal » du poignard font sans doute allusion à la transparence d'un langage au sein duquel les objets perdent consistance, couleurs, contours, en rejoignant la plénitude indistincte de l'Etre.

Pour le poète, qui n'en continue pas moins à vivre au sein de ce monde manifesté, c'est le drame de la damnation. Le rêve de « la maison de solitude » (119-120) en est le symbole. Cette « forteresse » immense, close, intérieurement divisée en une multitude de pièces vides, figure l'existence réduite à son squelette. Seuls y sévissent : le temps morcelé, auquel correspond le cloisonnement des chambres — « ma présence en un endroit

---

(22) Des artistes comme les peintres, ou bien les mystiques ? Bousquet ne précise pas.

(23) « Oubli » : le monde n'est né ici que spirituellement.

(24) Au sens où on peut l'entendre pour les hommes dont il et question plus haut, avec un contenu représentatif ou conceptuel. Elles n'en sont cependant que plus proches de la Suprême Réalité.

se vérifie par l'existence d'un autre endroit semblable à celui-ci, n'en différant que par le fait que j'y pourrais être alors qu'en celui-ci je suis » — et l'espace à l'état pur, qui est la béance du néant : « cette multitude de pièces, ainsi dévastées, ne se coordonne dans mon imagination que pour me permettre sans doute d'allier l'idée d'étendue et de solitude et... me forcer d'extraire la pensée que solitude et illimitation de l'espace ne font qu'un... »

« Cette monstrueuse demeure », conclut Bousquet, « est la maison de solitude. Et j'y vois l'image concrète du néant où je m'enfonce soit que je m'emploie à la recherche de la vérité ou à la poursuite de l'amour : deux ambitions équivalentes dans la faculté qu'elles ont de s'égaler à ce qui en moi est plus grand que tout le reste, et dont il n'y a que le désespoir pour donner la mesure ».

Pourtant, cette damnation du poète, subie au sein de l'existence en attendant le privilège de la mort totale, n'est pas, elle non plus, sans séduction secrète. La privation, l'absence infinies sont des images inversées de la plénitude de l'Etre. Elles témoignent encore de Lui, alors que l'existence, vécue dans l'illusion de son apparente réalité, en est la contrefaçon et l'oubli :

> Mais l'éternité, le silence et la tristesse n'ont rien à voir avec ce que les hommes ont invoqué sous leurs noms. C'est mon silence à moi qu'il faut aimer pour triompher de la folie qui a été mise au monde avec nous [l'attachement aux apparences du monde manifesté].
>
> « Allant au-devant de cet amour [dans la création poétique], j'ai donné à ce qui m'entoure une chair arrachée au-dedans de la mienne.
>
> « Et cette ambition aura fait ma vie plus belle de tout mon cœur que je refuse de garder pour moi. » (TS, 176.)

Le néant sera-t-il toujours pour l'homme l'envers indissociable de l'Etre ? Dans *La Tisane de Sarments*, Bousquet n'abandonne pas l'espoir, renvoyé à quelque avenir lointain, d'un retour à l'Etre au sein de l'existence même, sans passer par la destruction et la mort, d'une résorption miraculeuse du divers dans l'Un, d'une apothéose de l'homme et du monde qui serait l'œuvre de la poésie.

L'homme aura-t-il plus largement accès aux sources du

verbe, puisque « les profondeurs se desserrent peu à peu » (25)?
La matière déchue perdra-t-elle de son opacité et de sa résis-
tance, puisqu'elle se métamorphose sous l'influence de la parole,
encore que lentement ? Toujours est-il que l'homme redeviendra
substantiellement, dans sa chair, et sans quitter la vie, la totalité
du cosmos qu'il avait cessé d'être et que, grâce à cette unité
retrouvée, il n'y aura plus d'espace ni de temps : « Ecoutez, je
sais qu'après des années, il viendra un homme transparent et
dont la parole sera pure invention, étant la vie même. Un poète
qui entrera par son corps dans la douceur de contenir l'univers
entier, et sans que le temps s'éveille, sans que l'espace frémisse »
(*TS*, 176).

Cette rédemption de l'homme sera aussi celle du monde en
l'homme. Ainsi sera accompli le vœu de l'amour, qui traduit la
force d'attraction universelle de ce qui a été séparé : « L'enfant
ou le fou de sa voix qui sera la langue de tous les vents »,
poursuit Bousquet parlant de ce poète. « Il fera chaque chose
soumise à la vérité dont elle était l'amour. »

Cette unité ne sera pas seulement scellée par d'invisibles
forces magnétiques. Elle impliquera une mutation des formes,
une métamorphose qui bouleversera la physionomie de l'homme
et du monde. C'est ce que tente de représenter la « vision » des
« génies » (*TS*, 234, sq.) — génies, au double sens du terme :
divinités et artistes créateurs.

Ces « génies » sont une résurrection de l'androgyne cosmique
primitif — variété d'Adam Kadmon — de *Lumière, infranchissable Pourriture*. Cet androgyne, porteur d'ailes, renfermait en
lui l'univers, dont la diversité n'était que modalités de sa propre
substance : « Tout ce qui se pressait vers lui de plus éclatant
lui ramassait son être en route, lui donnant un univers à concevoir dans la simple idée qu'il était vivant. » Il commençait
« dans l'illimité », avait « sa forme au-dedans de lui, comme
une main ouverte, comme une main fermée sur la totalité de ce
qu'il pouvait concevoir et qui n'était jamais l'immensité que
de son amour » (*LI*, 34).

La description des « génies », dans *La Tisane de Sarments*,
plus colorée et plus grandiose, reprend les mêmes conceptions.
Les formes de toutes les choses, comprises et figurées ici par

---

(25) Voir supra, p. 98-99.

l'univers étoilé, ne sont qu'une expansion d'eux-mêmes et leur apportent, en même temps, un nouvel enrichissement. Il est précisé aussi que ce qui constitue aujourd'hui l'intérieur de l'homme se trouvait, chez l'androgyne, à la périphérie et l'enveloppait tout entier — « les poumons sont les ailes de l'ange », remarque René Nelli (*Joë Bousquet, sa vie, son œuvre*, p. 127) :

> « Je voyais les génies, ils vivaient sur les cimes du jour, soutenus sur la clarté par des voilures très grandes, excessivement souples et mobiles et qui ne les portaient pas à travers l'espace mais leur donnaient la force de le créer autour d'eux. Ces ailes étaient bâties d'une étoffe très fine où le mouvement allumait un poudroiement d'étincelles. Et par l'intermédiaire de cette irrigation argentée, la créature aérienne s'illuminait toute entière comme si le tissu dont elle était formée eût respiré par ce double parenchyme d'étoiles. C'est cela, ces êtres merveilleux respiraient par leurs ailes qui, de toute leur surface soyeuse, buvaient la lumière dont leur corps tenait sa densité. » (*TS*, 234.)

Ils sont donc infinis : « Ainsi leur robe étincelante était déjà eux-mêmes, et par elle ils avaient leur commencement dans l'illimité » (234).

Ils ignorent l'extériorité, la séparation, qui sont le mal de l'existence : « Ce que nous appelons forme sur la terre, ces génies l'ont dans le cœur. Au fond d'eux-mêmes, ils ont leurs limites et non pas comme nous un vide sans fond. Leur bonheur doit être infini » (236).

L'homme actuel résulte de la gigantesque inversion de l'androgyne primitif qu'est la création proprement dite, la chute. L'androgyne s'est enroulé sur lui-même, « il a mis ses ailes au secret », (*LI*, 34) (elles ne sont plus aujourd'hui que de simples poumons), se divisant en deux (homme et femme) et projetant les choses à l'extérieur de lui-même : « L'être unique (26) a vu sa profondeur se retourner contre elle-même, et entre les deux apparences qu'elle devient, précipiter le monde comme le vertige *d'un rayon cloué à ses ailes* » (*LI*, 33). Le génie sera obtenu par le renversement de ce processus, l'homme remontant en lui-même, à travers les choses, les degrés qui l'ont conduit à l'existence, replongeant au sein des profondeurs dont il s'est ex-

---

(26) Qu'étaient l'homme et la femme, contenant tout.

pulsé, et les réintégrant, redeviendra le Tout, l'Un, plénitude et béatitude.

C'est par la parole que s'opérera cette métamorphose et c'est en elle seule que les génies se maintiendront. Le signe de leur royauté est un diadème composé de trente deux perles d'ivoire : les dents, sans doute. Bousquet laisse entrevoir une transmutation de l'homme et du monde dans le domaine du son. Mouvement de flux et de reflux : la parole des génies suscitera le monde dans un chant — « On aurait dit que, sur leurs lèvres, la lumière se nourrissait d'elle-même, comme si le jour eût dû y favoriser dans une corolle merveilleuse je ne sais quelle opération qui remplissait le ciel de romances » (*TS*, 235) — ; tour à tour, ou simultanément, cette même parole absorbera le monde en eux-mêmes — « Leur bouche était la source miraculeuse où la lumière en eux se faisait chair et peut-être par l'intermédiaire de la parole » (235).

Cet équilibre merveilleux n'est, toutefois, qu'un équilibre. Sans doute, avant la parole, en deçà de la parole, est-ce la plénitude absolue, indistincte, le néant mystique. Il semble que ces génies aient un intérieur de silence et de nuit : « Il y avait une autre bouche comme une image du silence sous cette bouche qu'ils avaient de la même couleur que leurs ailes... Leurs yeux étaient extraordinairement sombres, noirs comme on ne peut rien rêver d'aussi impénétrable. Ils semblaient absorber en eux tout l'azur du ciel où ils se déplaçaient » (235). Au-delà, dans la mesure où ces génies ne maintiendraient pas dans l'intériorité de la parole les formes qu'ils ont fait surgir, ce serait la création proprement dite, extériorisation et chute : « ... aussitôt que ces génies laissaient flotter leur robe derrière eux, elle rougissait légèrement, comme si elle avait été sous le coup d'une espèce de combustion » (235).

C'est ainsi qu'au fil des pages, le roman de *La Tisane de Sarments* découvre la nature et la finalité mystérieuses du langage. Il faut écrire pour extraire de sa gangue la substance précieuse du verbe poétique et c'est dans le langage poétique que se joue le destin de l'homme : destruction, damnation, salut. Il est le lieu et l'objet de la plus haute expérience mystique. « La poésie n'est pas un langage, entre autres, mais un degré de l'être » (27). Et nous avons vu à quelle profondeur tragique se joue le drame métaphysique de l'écriture.

---

(27) Lettre à Louis Emié, 10 janvier 1948, *Cor.*, 58.

Les choses et les événements de la vie, et jusqu'à l'amour même, ne servent finalement qu'à y conduire. On peut mesurer combien Bousquet s'éloigne ici de Breton et des surréalistes.

Un tel langage n'est plus un intermédiaire dont la fonction serait de transmettre un contenu de vérité. Les rôles sont inversés : « La vérité telle que l'homme la conçoit n'est qu'un moyen, une sorte de champ opératoire où aider à se produire l'acte même de la vie », c'est-à-dire, la parole, comme la suite le précise (*LE*, 95).

Le langage purifié, revenu à ses sources premières — le langage poétique — est substantiellement le Verbe dont parle l'Evangile selon saint Jean, c'est-à-dire l'Etre même, l'Etre qui entre en mouvement à l'aurore de la création, avant que se brise l'unité première, ou encore, ce qui revient au même, l'univers actuel saisi dans son unité profonde et toujours présente d'avant la manifestation — car la création est continue.

Et l'étoffe, la chair de cet Etre est la voix d'où jaillissent les mots, où s'absorbent les mots, la voix qui retentit aux frontières du silence.

Le langage, « ce géant dont l'ombre est sous terre » (*LE*, 59) est donc le corps perdu de l'androgyne cosmique que l'homme a cessé d'être et l'ultime avatar du Double « immense » que Bousquet espère ou désespère de faire épouser à l'individu dans les limites de son existence.

Le Verbe poétique serait donc, non pas sens, mais matière. Il est même la vraie Matière qui, dit Bousquet, « sous sa forme inétendue » est « Dieu » (*TS*, 114).

On a beaucoup parlé d' « alchimie du verbe » depuis Rimbaud. Breton en a précisé la signification à propos de Péret, dans son *Anthologie de l'humour noir* : « Lui seul, dit-il, a pleinement réalisé sur le verbe l'opération correspondant à la « sublimation » alchimique qui consiste à provoquer l' « ascension du subtil » par sa « séparation d'avec l'épais ». L'épais, dans ce domaine, c'est cette croûte de signification exclusive dont l'usage a recouvert tous les mots et qui ne laisse pratiquement aucun jeu à leurs associations hors des cases où les confine par petits groupes l'utilité immédiate ou convenue, solidement étayée par la routine. » Ainsi, dans l'image non ressemblante, on assisterait, pour employer encore les mots de Breton,

« à la remise en vigueur d'un principe généralisé de mutations et de métamorphoses ». Le poète, brisant ainsi la discontinuité des choses, tendrait à ressaisir l'unité de l'univers. Et ce travail merveilleux accompli au niveau du signe ne devrait pas rester sans écho au niveau des choses, si, toutefois, comme le pense Breton, la parole a une puissance magique capable de métamorphoser la vie, s'il y a, dans certaines images, « l'amorce d'un tremblement de terre ».

Bousquet n'a pas renié ces ambitions. Il est allé beaucoup plus loin encore dans l'audace. Il ne laisse pas subsister la dualité : monde et langage. Dans le langage poétique, à travers l'obscurcissement des sens, il décante la matière primordiale elle-même, l'essence de toute réalité, le Verbe créateur. Et, au lieu de prétendre seulement changer la vie, transformer dans le sens du mieux le monde manifesté, il le résorbe, l'absorbant tout entier dans ce langage premier.

C'est ce coup d'état qui bouleverse toutes les perspectives de la création poétique, fait du poète, non pas une sorte d'alchimiste, mais l'alchimiste authentique et le seul véritable.

Il réalise, en effet, la suprême ambition de l' « Ars Magna » : la rédemption de l'homme et du monde à travers la transmutation de la matière. Ceux-ci doivent se trouver restaurés spirituellement et physiquement dans l'état glorieux et divin d'où la chute les a précipités. Et, Bousquet refusant l'idée d'un Dieu transcendant, il s'agit, pour le poète, de redevenir le Dieu que l'homme a cessé d'être, l'un le Tout.

BOUSQUET, BLANCHOT :
DE L'AMITIÉ SANS TRAIT.

par Jean-Pierre Téboul

Il ne voyait rien et, loin d'être accablé, il faisait de cette absence de vision le point culminant de son regard.

(T. O. I., 14, 15.)

Les grandes épreuves sont-elles le privilège des grandes natures ? Il eût aimé le croire, mais ce n'est pas exact, car les nerveux les plus communs ont aussi leurs crises. Dans ce profond ébranlement, il ne lui restait donc plus rien que ce noyau inébranlable que possèdent tous les héros et tous les criminels : ce n'est pas du courage, ce n'est pas de la volonté, ce n'est pas de l'assurance, ce n'est que le pouvoir qu'il est aussi difficile d'extirper de soi que la vie du corps d'un chat, même quand il est déjà complètement déchiqueté par les chiens.

Robert Musil, *L'Homme sans qualités.*

Sprich —	Parle —
Doch scheide das Nein nicht von Ja.	Pourtant ne sépare pas le non du oui.

. . . .

Wahr spricht, wer Schatten spricht.	Parle vrai, qui parle l'ombre.

Paul Celan, *Von Schwelle zu Schwelle.*

Nous n'insisterons jamais assez sur le rôle étincelant de l'oubli.

(Mys., 106.)

BOUSQUET, BLANCHOT :
DE L'AMITIÉ·SANS·TRAIT.

par Jean-Pierre Téboul

A

Ici la somme n'est que le capital éreinté qu'on somme de clore un compte. De *ce parler dont l'énigme est la loi* rien ne peut se dire. Sinon qu'à toute loi soumise à son envers, c'est au recul qu'advient le droit d'y voir la profondeur obscure où l'être s'enfonce sans la pénétrer. Autrement c'est dire qu'on ne perce pas le secret. C'est le secret qui perce. « Créer, c'est se détruire » (*LE*, 42) ; et « l'espace était avec moi dans mon être où il s'enfonçait comme un couteau » (*IP.*, 57).

B

Suivre les brisées de Joë Bousquet ou de Maurice Blanchot n'est pas tâche facile. De fait ces œuvres maîtresses ne permettent pas que dans leur sillage on demeure. Dans l'amitié qu'elles séparent l'intime couve un accueil accablant. A l'oubli seul elles font accueil, un rythme dont la mémoire est souffle. Où les eaux se séparent... un *trait* burine à l'horizon une marche harrassante. Droit devant l'écho. Les eaux rompues.

Où le chemin sépare...

La mer n'est que l'étendue où l'être se confond.

De l'amitié seule la présence parle. « Il n'y a pas de témoin. Les plus proches ne disent que ce qui leur fut proche, non le lointain qui s'affirma en cette proximité, et le lointain cesse dès que cesse la présence » (*A.*, 326).

LA RAISON L'ENIGME

Si nous pouvions subrepticement entrer dans le texte, interrompre délicatement et minutieusement sans qu'une nouvelle blessure ne contrariât sa nature blessée, à l'origine, et seule blessure viable dont on eût souhaité faire éloge, il se pourrait qu'une parole — presque anonyme — entonnât un autre chant, permît à l'interruption un lieu étrange où coupure et suture assonancées et rimant se confondent.

Où la citation — dans le retrait et à l'écart du corps originel — ne fût cicatrice qu'à l'insu de ce corps, dont elle exacerbe le manque, l'ouvert insatiable dont tout texte est la proie et plus avant le regard, il se pourrait que, dans l'inexprimable de tout texte, ce que Wittgenstein appelle le mystique, la pensée ne soit que l'ombre de l'autre où le même accentue et pourvoie le reflet d'un visage, d'une pensée donc. Lecture-écriture : unique mouvement que cerne l'attente unique. Et que l'oubli « l'attente l'oubli » côtoie, dernière trace que trace l'effacement, le pas au-delà d'un homme dont l'homme n'est que le commencement, la venue tardive et lente où le temps s'espace faisant de chaque pas l'au-delà du pas que rien ne saisit, qu'aucune époque ne retient ; et que le simple fait de marcher ou d'écrire efface.

*
* *

L'intimité la plus brûlante est celle où nous laissent des livres, des êtres dont nous ne connaîtrons que la parole longuement mûrie dans le noir et la solitude d'un regard vide. Des mots venant d'auteurs effacés ne laissant à une image que le soin d'épuiser l'absence dont elle est le creuset, font de l'indifférence le lieu d'un autre accueil (inqualifiable et trop fort en dehors d'un vide où s'accomplit le silence) : indifférence donc des mots hors d'eux-mêmes, hors source, autres qu'en la venue dont ils sont la mort, l'interruption d'une plénitude totale et sans parole à laquelle nous ne pourrions nous accoutumer sans faire état de notre propre indifférence, épuisable vertige dont la parole, en devant humaine, nous laisse pressentir l'origine meurtrière dont elle est le fruit jusqu'à ce qu'elle nous relègue dans l'obscur et nous confie le soin d'en être le doute ou de ne plus y croire. « Mes livres sont faits avec les ruines de ce qu'il y a dans mon silence » (*Mys.,* 104).

Joë Bousquet cherchait « une vérité qui condamne à l'anéantissement l'existence où nous sommes » ; et qu'il énonçait ainsi : « Regards troués au cœur dont les mousses légères ont gardé le scintillement... » (*LI*, 38). De ses livres il avait coutume de parler comme d' « une ville au bout du monde. On peut me suivre jusqu'à eux, disait-il, pas plus loin. [...] Mes livres sont encore dans le monde dont ils forment l'extrême promontoire » (*Mys.,* 108, 109). Dans ce dernier propos l'adverbe de temps « encore » souligne la précarité de la parole écrite dont on se sera servi jusqu'à l'oubli d'elle-même ou jusqu'à la sortie du monde dans lequel, silencieuse, elle culmine : tue quelque part et parlante ailleurs, dans et déjà hors de ce qui l'entoure.

*
* *

L'art de la brièveté ou la pensée concise : *Thomas l'Obscur* (2e version) ; Blanchot dans une note écrite en vue de cette nouvelle version brosse, en quelques lignes, le portrait d'un nouveau récit, même et pourtant autre, dont l'essentiel peut tout aussi bien être le trou, l'encore effaçable que le retenu ou encore l'irrépressible, l'enfuie, la dépourvue de son propre flot, de son abondance excessive et lyrique.

Où le reste d'un ancien récit demeure inchangé ou dans l'inchangeable c'est — après qu'on gomma ce récit — à ce reste qu'advient la somme ou le refuge de tout reste : son insuffisance excessive qui fait récit différemment.

La pensée fragmentaire est une pensée du reste. Reste qui suppose un tout perdu, mutilé ou encore irrépressible ; éclipse comme fragment en ce qu'il raccourcit le chemin et masque ; prolonge la durée du parcours où — sans itinéraire précis — l'on s'égare. Cependant le fragment en ce qu'il est l'essentiel ou le sauvegardé se situe dans le raccourci du chemin ; mais le chemin le plus court est aussi le plus long. Au chemin le plus court, au paysage intense, la durée s'accoutume comme s'il nécessitait qu'un regard y chemine dans l'atemporalité propre au regard, vide et/ou plein. « Le regard est l'exil de la voix » (*L. PO*, 24, 25).

*
* *

Dès l'instant où Joë Bousquet se mit à écrire, il pressentit la durée s'éployant dans le présent de l'écriture et réalisa — en quelque abolition du temps — le fait que « la vie est toute dans un mot, dans une larme » (lettre inédite à J. Cassou, non datée). « Je n'ai amorti le malheur qui m'avait frappé qu'en oubliant qui j'étais. Je peux disparaître je ne me manquerai pas » (*BB*, 8). L'image d'un homme n'appartiendrait-elle qu'à son inapparence ? Dans *Mystique* il écrit : « Il n'y a qu'une façon de ressembler profondément à un homme libre qui est de différer de lui en tout » (*Mys.*, 77). L'oubli que cerne un regard sur soi — cette métaphore qui renverse l'homme et l'exténue dans le dehors où il n'est plus que l'ombre de lui-même — est un oubli mémorant où l'enfance dont il est séparé garde l'image, comme en un miroir vers lequel on se penche pour ne se retrouver — dans l'autre de son propre reflet —, que blessé d'un mal d'enfance irrémédiable.

> Plusieurs fois j'avais essayé de me suicider, faisant innocemment la preuve que je n'en aurais jamais la force. La dernière fois que j'avais chargé mon pistolet, c'était avec des mains trop fragiles pour la dureté rétive du chargeur. Et une parole, fine comme ces mains de penseur, m'avait arrêté pour toujours au seuil de cette tentative régulièrement réformée : « Si je ne me manque pas, peut-être que je me manquerai beaucoup. »
>
> (*BB*, 8.)

Dans l'ombre des faits où l'homme se tient l'écriture gouverne l'acheminement de sa parole vers ce qui la libère d'une apparence car : « Chacun est son prisonnier et n'écrit rien que sur les murs de sa prison, mais sa prison le délivre » (*Mys.*, 90).

*
* *

Dans *Notes d'Inconnaissance* de Joë Bousquet la clôture est dans l'Ouvert :

> — Quand tu auras dépassé la sensibilité en faisant en toi la Toute-Justice...
>
> FIN
>
> (*NI*, 130)

Derniers mots d'un livre que porte un mouvement infini. Ce n'est pas à l'inachevé que la parole s'adresse... dénudant le propos qu'elle affine à l'extrême en y mêlant des tonalités différentes à tel point qu'il semble parfois qu'un tel propos s'égare. Le mot « FIN » n'est que ponctuation stylée. D'un style dont certains ont pu dire qu'il rendait le texte illisible. C'est méconnaître son étonnante profondeur. D'ailleurs l'avènement de ce style ne cesse de paraître possible aujourd'hui encore que dans l'utopie de paroles rares. Les écrits de Joë Bousquet ne nous sont pas encore contemporains. Leur étoffe est bure et soie comme deux versants dont la solidité et la finesse ne contredisent qu'apparemment les analyses qu'ils contiennent.

Dans les livres de Bousquet, faisant lieu, l'écrit s'enjoint de reconnaître l'autre ; ou cerne le même dans la reconnaissance où l'ambigu traverse les signes pour ne retenir que cette traversée, qui d'un regard à l'autre, itinérant dans l'espace, sillonne l'histoire. Dans *Les Capitales* il écrit : « Ce qui personnifie un grand livre n'y est jamais apparent ; cependant, s'impose sur ce qui y est le plus visible et en amplifie les affirmations avec une sorte de doute où elles s'assurent, comme s'il était la balance de leur survie » (*Cap.*, 32). Sans que l'on s'y complaise l'énigme d'un texte ouvre à la présence qui s'efface et dans son effacement se montre pour que, insaisissable au premier abord, l'évidence de ce texte fonde son réel ou son lieu : sa résurgence unanime dans l'anonymat de solitudes disparates. La force d'un texte procède de ce qu'elle efface en un homme la volonté d'être un paraître éphémère. Narcissique éploiement de l'image dont nous avons appris que sa fuyante et claire durée n'était, à travers le mythe, qu'un détour où son éternité l'avait enfouie pour qu'on ne la saisisse qu'à travers la mémoire où l'oubli porte un nom. « On a quelques chances d'avoir parlé dans le vrai, du moment où l'on voit se multiplier les énigmes à résoudre » (*Cap.*, 87).

Mais, à propos d'un rôle que l'écriture recense (être écrivain ou critique), comme si d'avoir eu connaissance d'une œuvre n'eût été que l'invitation, dans la rupture, d'en parler froidement, comme seule permet la distance et le doute qu'appellent le devoir critique, adhérer à la cause de l'auteur dont on ignore la position exacte peut être un comble. Cependant c'est de ce lieu, lieu d'écriture, en cela incertain, que notre propos s'énonce : non-savoir à partir duquel on écrit. L'exigence objective brime : ses propres intuitions l'apeurent et le critique est cerné plutôt qu'il ne cerne l'œuvre où son regard se perd. S'il parvient à nous communiquer son éblouissement, la perte de l'auteur qu'il est n'aura pas été vaine. Car :

> La critique est née d'une protestation de l'homme devant une œuvre qui le comprend sous la forme de l'individu qu'il n'est pas encore, ou qu'il n'est plus. (Joë Bousquet, « Lettre à Albert Béguin en marge du romantisme allemand » in *Création et destinée*, Le Seuil, p. 273.)

Mais par ailleurs : « Découverte du plus haut intérêt : la critique est avant l'œuvre » (*Mys.*, 84). Parcours et traversée de l'unité dans la déchirure. Et nul ne sera dupe d'une contradiction seulement apparente puisque Bousquet alla, pour ce qui le concerne, jusqu'à écrire : « Plaise au ciel que l'action engendrée par mes écrits soit assez vigoureuse pour faire l'oubli sur eux ! » (*Trs.*, 155).

Dans *les Capitales* où l'interrogation sur le langage passe par une mise en question de la raison il écrit :

> Vous avez cru, ô maniaques de la stabilité, que la folie était une fièvre éruptive de la raison, nous sommes prêts à vous l'accorder : il y a une démence où la foi dans nos pensées nous enfonce, mais il en existe une autre, une démence avant la lettre qui nous compose une pensée. (*Cap.*, 45.)

Dans *La Connaissance du soir* on trouve également ce passage du poème « L'une ou l'autre » : « Une eau chuchote La dernière parole raisonnable est pour dire qu'on a fait mourir la raison » (*CS.*, 21). Ici, le murmure de l'eau donne à la parole la faculté de transparaître. Ou de mourir comme si l'envers et l'endroit des mots ne portaient que leur passage, à la fois insistant et furtif. L'avant, l'après, le hors et le définitif exclu dont le poème est la menace. L'incessant retour du mot sur lui-même qu'avive la parole. Et qui la fait parler.

Ou n'est-ce pas que tout se déroule comme si l'exhudation d'une parole de raison pouvait naître, dernière, d'un mouvement de l'eau dont l'image n'aurait cesse en sa fluidité même de marquer le passage où la parole, irrémédiablement inexhaustive, gravit dans le poème — comme une menace — la verticalité ou le démenti du même au reflet du miroir : c'est-à-dire la saisie sûre de ce regard ou de cette parole qui ne savent suffire à l'acte qui les compose et dont ils ne peuvent qu'introduire la contraignante réversibilité dont la mort cerne l'avantage. La suprématie de l'absence présente. Terrifiante. Infernale. Veuve. Le devenir sans raison que l'écriture, dans le poème, accoutume à l'image, à l'imaginaire... qu'à le lire on retrouve. Et de mourir, la raison — raison dernière — restitue dans le poème ce qui de n'être qu'imaginaire n'en demeure pas moins la marque, l'indice calme et présent du réel : l'insupportable... le sans support.

Ainsi de mot à mot, l'un, l'autre, l'immiscée qu'est la poésie n'apparaît jamais mais transsude de l'ensemble des mots ou du poème en ce qu'il convient peut-être d'appeler le hasard. Ou le destin. Textuellement inhumain. Puisqu'inconcevable. Parole transsudante donc. Où craindre l'irrespirable. Du poème l'originelle mer (mère). Comme l'étendue où l'être se confond. Lorsqu'

> Une eau chuchote La dernière parole raisonnable
> est pour dire qu'on a fait mourir la raison
> S'ouvrant à travers toi un regard pénètre tes
> yeux déshabille ta chair de celui que tu es

(*CS.*, 21.)

Mais quand du détour pervers qu'est la citation, et qu'on insère à l'insu de plusieurs dans un corps étranger, naît ce luxe étrange et imprévisible dont on ne retiendra que l'aveu : « l'aveu que notre raison s'accroît dès qu'elle a cessé de nous comprendre ; ou le contraire, ou encore n'importe quoi pourvu que la parole inconsidérée en tire feu et fumée » (*Cap.*, 48), il faut comprendre que cet aveu même n'est pas le seuil. Il est nécessaire de franchir l'encore. L'insuffisant, le pas assez, le trop. « Et d'abord, ce trait que nous sommes tous nés cartésiens, le pire aurait été de l'oublier » (*Cap.*, 49), car « On ne démolit bien que les principes dont on a été soi-même le prisonnier ; les idées dont on fut à la fois l'ignorance et la vie. L'homme ne dépasse que ce qu'il est capable de métamorphoser » (*Cap.*, 49).

Alors, de quelles Capitales parle-t-on ? Dire que dans un

premier temps il s'agissait de faire surgir une évidence trop simple dont les textes de Paulhan détrompaient le regard. C'est bien de la vérité dont il s'agit. De la vérité dont on sait que le langage ne la tolère pas. C'est-à-dire pas entièrement.

> La vérité manifestée ressemble à la carte biseautée du tricheur : plus elle est parfaite, plus elle est trompeuse. Et il n'est pas de révélation qui ne s'arme pour nous abuser. Il est dans sa nature de se pervertir au contact des signes que l'homme a forgés pour la rendre commune. Et cependant, il arrivera que la parole naïve la fasse resplendir... (*Cap.*, 52-53.)

Soit. Mais encore. Et qu'attend-on de l'écrit sinon précisément qu'il mette en circuit la geste des paroles dans l'échappée inévitable à laquelle elles sont assujetties ? Et qu'apparemment il retient. Cheminement écrit et verbal donc, dans la gestualité même du propos où s'inscrit le devenir, la naissance ou l'être de la parole. On sait qu'aujourd'hui Jacques Lacan parle de l'écriture ou plutôt de l'écrit comme lieu possible à privilégier pour l'analyse ; mais d'une pratique d'écriture dont on sait que chez certains écrivains elle correspond à ce parcours analytique où l'inconscient impromptu déverse dans le langage des à-propos poétiques dont on apprend peu à peu à lire ou à déchiffrer le texte originaire, peut-on s'assurer qu'ailleurs un tel exercice rendrait sa contrainte à l'obsession qui s'y libère dans l'infini de l'interrogation ? D'autre part tout écrit suppose au moins un autre lecteur. L'Autre. Ce qui n'est peut-être d'ailleurs que le lieu ou l'errance du neutre (Neutre). Hésitation, refus ou impossibilité de bâtir une Capitale. Et « La pensée qui se raisonne n'interroge que l'homme ; c'est de dénégation en dénégation qu'elle l'aventure à la tyrannique et mystérieuse pureté de la Parole créatrice » (*Cap.*, 58). C'est-à-dire qui détruit. Et rien ni nul ne se porte garant du propos qui n'a que son risque. Car ce risque, à lui seul, le justifie, le crée en son propre détruire ; il formule dans l'énonciation un énoncé perçu différemment selon la place qu'occupe le locuteur (hors ou en dedans du texte) devenant à l'occasion son propre destinataire. Celui qui en face de son propre texte n'y reconnaîtra pas l'auteur qu'il est mais l'auteur qu'il n'est pas. Car si « ce que nous écrivons... enterre ce qui nous cache » (*ME.*, 132), « la parole n'est tout à fait vivante qu'autant qu'elle invente quelqu'un pour l'entendre ; et une voix pour lui répondre » (*ME*, 115). Parler c'est se retourner sur soi ; qu'écrire alors comme allant à rebours du silence sur lequel la parole prend son essor ne soit qu'un propos dont le silence n'a cure et voilà qui sous-entend peut-être la voix de ce qui ne parle pas.

Qui dirait que *Les Capitales* est un livre de poète n'aurait rien dit. A moins que de ce mot l'on ne cherche le sens dans le lointain des traits où quelques auteurs détiennent le secret de permuter leur visage en un lieu aquifère. Maurice Blanchot dont on a dit, non sans quelque ironie, mais avec rigueur, que ses traits « se sont imprimés sur tant de visages que ces visages ne sont plus personne » (H. Meschonnic, *Poésie sans réponse*, Gallimard, 1978 - p. 79) est de ceux-là.

Si le thème de la mer dans *Thomas l'obscur*, étrange Thalassa, occupe une place importante et qu'il inonde les poèmes de *La Connaissance du soir* :

> La transparence et la fraîcheur
> sont les aveugles d'une mer claire
> Qui se dirige avec les mains

(CS., 25.)

nous aimerions y voir plus qu'une coïncidence. Et encore que les mots poursuivis par ce regard extrême, immobile presque, et si lent qu'il les affranchit du linéaire en poursuivant l'incommensurable étendue de leur propos dont on a l'impression qu'il brise le temps qu'à lui seul ce regard n'eût pu contenir.

> Les mots, issus d'un livre qui prenait soudain une puissance mortelle, exerçaient sur le regard qui les touchait un attrait doux et paisible. [...] Pourtant il ne cessa pas de vouloir s'emparer du texte. [...] Alors que les mots s'emparaient déjà de lui et commençaient de le lire. (*T. O. I.*, 22, 23.) (1)

---

(1) Cette dernière citation fait la preuve, de notre part, d'un détournement exemplaire. En effet la coupure du texte (passages que nous avons volontairement omis) et sa présence blessée, incise dans l'ailleurs d'un autre texte ne dénaturent qu'apparemment le sens. Non point que nous souhaitions légitimer une pratique de la coupure arbitraire mais plutôt montrer que le sens détourné n'est qu'autre, et qu'il n'est pas complètement étranger au détour inhérent du texte tel qu'il apparaît situé dans son propre contexte « originaire », au sein de l'œuvre qu'il est et privé des blessures successives que lui infligent l'effet de citation. Le sens détourné n'est qu'autre. Autre. Si l'on admet que tout texte, dit littéraire, est de prime abord l'objet d'un détour : il n'est pas ni ne peut être franc parler. Et nous parlons ici d'un autre degré de médiatisation que celui qu'instaure l'ordre symbolique. Disons alors que dans l'abus ainsi permis par le sens détourné, le texte coupé et dans l'ailleurs représente un de ses possibles comme exacerbé. Et que ce possible est évidé dans l'usage, par la persistance du regard qui le consomme. Sans qu'évidemment rien sinon son propre détour ne puisse l'épuiser. Et qu'en dehors d'un tel épuisement sa présence détournée, déchirée a pour effet d'accentuer le perçu essentiel du texte, sa séparation d'avec l'auteur lui-même. Son devenir autre. Son étrangeté ? Ou alors il faudrait dire que dans l'étrange et le détour que certains textes ont le pouvoir de créer, l'immédiateté d'un rapport ou son illusion prend

Bousquet en 1949 écrivit cette petite phrase qui allait clore un recueil publié posthumément : « Consterné de ne plus savoir assez transformer mon style » (*SC*, 91). Voilà bien au terme, un premier terme chiffré par le temps alloué à un homme, un constat de l'échec permanent qu'à celui qui s'y livre l'écriture ne peut qu'acculer. Etrange mouvement qui nous porte à chercher encore, inlassablement « l'œuvre d'un auteur [qui] n'est pas dans ses livres mais dans ceux qu'elle nous rend capables de créer, ou d'exhumer ; — dans le nombre des écrits qu'elle nous encourage à déclasser ou à détruire » (*Cap.*, 77). La littérature n'est que dans ce mouvement. Il porte d'un écrivain à l'autre l'identité anonyme dont la modernité se réclame. Mais qu'est-ce que la modernité sinon le masque du toujours ? A dire vrai nous ne sommes pas loin de croire que des livres de Joë Bousquet à ceux de Maurice Blanchot, libres du conceptuel organisant l'abstrait, il nous soit possible d'apercevoir l'œuvre entre les parois des mots où s'absente l'auteur. C'est dire qu'il faut se mettre à l'œuvre. Car certains se sont permis de dire : « Je n'aurai écrit que pour apprendre à quelques hommes comment on devait lire ce que je n'avais pas écrit » (*ME*, 142). Ou d'une exigence encore plus ténue, quoique dans sa contradiction inhérente, vaste, cette parole dont le « je » n'appartient plus à l'homme et qui convoque l'espace : « Je suis ce qui n'a pas d'yeux étant tout le regard » (*ME*, 139).

Quel regain dans le désert où rayonne l'absence, pour ceux avides d'un nom qui sauront y trouver la pluralité d'un seul. Nulle évidence, au premier coup d'œil, n'est suffisante. Il y faut un séjour, une migration, l'exil pour que celui qui n'ayant « pas d'yeux étant tout le regard » y reconnaisse, attente, oubli, le présent dont le silence essaime la durée. A d'autres encore, l'éploiement du verbe où quelque signifiant retient, dans le jeu des ricochets, le fil perdu sur lequel la vérité n'est que le funambule dont le risque des mots connaît le gouffre...

> La vérité de nos écrits doit nous paraître douteuse, si elle ne porte en elle de quoi nous faire frémir.
>
> (*Mys.*, 33.)

---

place à partir de ce qui de ce rapport s'y blesse, et de s'y blesser s'y reconnaît comme appartenant à la blessure. D'où qu'à la limite le baume en une étrange homéopathie viendrait du mal. Mal de lecture et d'écriture auquel le détour inhérent à l'objet littéraire ne serait pas étranger.

DU LOINTAIN DANS LES TRAITS

Il n'est pas dû au hasard que le nom de Blanchot figure en première page des *Capitales* de Joë Bousquet. Ainsi à propos de Jean Paulhan dont la figure traverse comme dédoublée à travers d'autres noms l'entière surface de ce livre Bousquet écrit :

> Ou bien son regard nous pénètre, ou bien il nous supprime. D'une réplique à l'autre, sans jamais vous voir le même, il vous quitte, paraît vous redécouvrir. Avec une exceptionnelle capacité d'attention, de tels hommes ont visiblement le don d'administrer leurs propres absences ; et même devenus nos amis, ils gardent du lointain dans les traits ; il n'en fallait pas plus pour intimider notre jugement. (*Cap.*, 12.)

Paulhan donc parmi « de tels hommes » car :

> On se hérisse contre Blanchot, contre Dhotel, on voudrait leur reprocher les efforts de réflexion que leurs commentaires nous ont coûtés. Rien n'est plus impossible. L'esprit ne réussit pas à leur donner tort. Nous nous attendions à les trouver difficiles. (*Cap.*, 11.)

Il ne suffit pas, certains aujourd'hui le comprennent, de réduire une œuvre à ses composantes linguistiques ; mais il n'est pas suffisant non plus d'en faire le lieu du hasard ou de l'inspiration. La poétique en ce qu'elle ne définit que difficilement un champ précis, s'attache non point à l'indicible de l'œuvre mais à son irréductible. Cet incirconscriptible point d'où l'œuvre parle. Ici le commentaire n'a qu'un seul but : promulguer l'énigme de l'œuvre qu'il ne résout pas. Ni ne saurait résoudre.

**

Le dedans, le dehors, l'en-deçà, l'au-delà : il semble qu'aucun de ces lieux situables ou insituables ne suffise à rendre compte de la pensée poétique. Comme l'eau qui passe, toujours même et toujours autre des figures humaines transparentes et opaques

sillonnent la durée où certains hommes retiennent dans le temps
l'image du passage.

> Tu crois être et la croyance seule restera annulant tout ce
> qui embellissait l'illusion. L'intensité de l'être est mortelle à ce
> qui le précédait, le suivait. Tu seras pierre, chute de la pierre,
> l'ombre inévitable dans le vol de l'oiseau. (*LE.*, 43.)

Qu'un sillon ne soit la trace ou la ligne d'un oubli que pour
mémoire et de faire d'un auteur l'auteur de ce qu'il n'est pas
ne serait pas moindre prodige. Toutefois si l'on ne peut, avec
exactitude, dire, écrire, rapporter de l'expérience ce qu'elle a
de proprement inénarrable, il demeure peut-être possible d'en
parler autrement, comme à son insu, supporté par la rigueur
et la clarté de l'abandon. Nulle part n'est la poésie. Là où la
voient certains elle n'est qu'en leur regard. Il se peut que des
mots l'éveillent ou que dans l'obscurité où rien ne se voit elle
naisse encore comme en frôlant l'espace et le vide qu'entoure
et qu'habite un homme. « Tu crois être et la croyance seule
restera annulant tout ce qui embellissait l'illusion. » Proprement dénégateur ce propos ne permet pas qu'on y retienne un
sens ou qu'on y privilégie une apparence. Une évacuation
sourde et lente mais efficace y creuse son lieu comme pour y
accentuer le lieu vide de l'absence. Pourtant ce qui demeure,
ultime sédiment du rien, n'est pas rien. Propos dévoilé que
voile encore l'amertume éclose qui s'en dégage. Sens qu'aucun
autre ne retient mais qui s'impose, dans la contradiction qu'on
énonce auparavant et ne cesse d'énoncer, de récuser dans l'affirmation. Car il s'agit de « l'intensité de l'être (...) mortelle »
dans l'avant comme dans l'après. Et ces délimitations du temps
ne permettent pas d'y voir plus clair. Accentuant l'exigence
d'une origine dont on ne peut que désirer qu'elle soit écrite.
Si le passé et le présent à partir du poème n'ont plus le droit
de se séparer. Alors... Partager l'énigme comme la manne ? Sauf
que le céleste n'est pas poème mais poésie : « *l'innommée* qui
se manifeste dans l'opération des paroles entre elles et que le
poème impose » (*NI*, 106). Dans *Le livre heureux*, largement
inédit, Bousquet écrit : « Ce qu'on a considéré comme essentiel
à la poésie, le fait, par exemple, que le Présent et le Passé y
coïncident doit être tenu pour une conséquence ; et ne porter
que la preuve d'une vérité atteinte dans l'opération dominante
qui est de faire parler la parole.

C'est le domaine où la pensée sème l'épouvante » (*Fontaine*, numéro spécial 19 et 20, mars, avril 1942, p. 188).

*
**

L'influence de Maurice Blanchot est aujourd'hui considérable. Si celle de Joë Bousquet l'est moins n'est-ce pas qu'elle n'est que moins avouée ? Ou qu'un auteur parvint à ce prodige de n'être que ce qu'il n'est pas. Mais pour ce qui nous concerne ce n'est là que gauchement paraphraser une œuvre en son déploiement qui se retourne, dont *La Connaissance du soir* garde le souvenir. Une phrase : « Ne pas être celui que je suis » (*CS.*, 7), (son ombre plutôt) fait-elle l'épreuve d'une lecture à venir, en suspens dans l'attente et dans l'oubli jusqu'à ce que le temps, qui sait, permette que certains inconnus y regardent de plus près. Deux mois avant sa mort, à son fraternel ami Jean Cassou, Bousquet écrit : « J'entends se former en moi le langage des inconnus qui se partageront demain mes raisons » (lettre inédite à Jean Cassou, 17 juillet 1950). En ce qu'elle éloigne et rapproche tout autant, l'étreinte est difficile. Quand le propos concerné cerne l'envoûte dont il est d'abord l'objet. Puis le silence. Certains regards poursuivent longtemps dans les mots une image insaisissable qu'on croit reconnaître. Ils ne sont pas de ceux que l'on porta à la légère pour qu'une étendue fixe en retînt la profondeur. Peut-être pèsent-ils plus lourd encore si bien que par pudeur quelqu'un mourut, trop anonyme, d'avoir osé en supporter le corps. C'est assez. D'autres ont rapporté les faits. A présent c'est à l'ombre de ceux-là que notre propos s'attache. Il se peut qu'enfin il fasse assez noir pour que des livres, conçus, écrits dans l'ombre jalonnent le sentier des mots qui n'osent chercher la lumière sans qu'elle ne soit l'infranchissable pourriture ou le fruit dont l'ombre est la saveur (2).

*
**

D'abord oublier. Se souvenir seulement où l'on ne se souvient

___

(2) Bousquet qui était un excellent latiniste connaissait sûrement l'étymologie de « saveur » semblable à celle de « savoir ». C'est à Roland Barthes que nous devons d'avoir relevé ce point (*Leçon inaugurale* faite le vendredi 7 janvier 1977 au Collège de France, éd. du Collège de France, 1977, p. 14). Nous reprenons dans le passage ci-dessus quelques titres d'ouvrages de Joë Bousquet, dont : *Le fruit dont l'ombre est la saveur, Il ne fait pas assez noir* et *Lumière infranchissable pourriture.*

de rien. Oublier : se souvenir de tout comme par oubli. Il y a un point profondément oublié d'où tout souvenir rayonne.

(*L. D. H.*, 142.)

Qu'est-ce, à l'abri du tumulte fécond, qu'une œuvre ? D'aucuns ont répondu qui ne sont pas des moindres. Mais ce propos devance encore une éclosion de l'entendement en ce qu'il n'égare qu'une apparence. Il se peut, après tout, qu'on ait mal entendu ce qui s'est dit et qui sommeille encore dans quelques livres : « La littérature comme la parole commune, *commence* avec la fin qui seule permet de comprendre. Pour parler nous devons voir la mort, la voir derrière nous » (*P.F.*, 324). Capricieuse immixtion d'un propos étrange sinon étranger ; qu'on ne put tenir qu'à l'encontre de l'inconnu demeurant sur le seuil où se tint la rencontre. Car de la mort ayant eu lieu il ne reste que l'oubli, oubli comme clôture d'expérience qu'à vivre on ne cesse d'entamer. Mais de l'entame à ce lieu on effraie la lumière. Elle disparaît du champ. Seule l'obscurité, qui n'est pas que verbale on le sait, permettra le franchissement de ce qui fut reclus, perclus même. Qu'est-ce qui gît dans le noir ? N'est-ce que la distance où se tient l'intimité mortelle ? « Il ne faut pas craindre. Ce qui nous sépare est de toute manière infime : un moment de calme, un moment d'épouvante, mais de calme » (*L.D.H.*, 139). Ecrire comme entrer dans la rumeur du temps aride. Ou comme le geste de la faux, fertile, qui entame le champ de la parole. D'une étendue meurtrie ou meurtrière.

> Ecrire c'est ne plus mettre au futur la mort toujours déjà passée, mais accepter de la subir sans la rendre présente et sans se rendre présent à elle, savoir qu'elle a eu lieu bien qu'elle n'ait pas été éprouvée et la reconnaître dans l'oubli qu'elle laisse et dont les traces qui s'effacent appellent à *s'excepter de l'ordre cosmique*, là où le désastre rend le réel impossible et le désiré indésirable. (M. Blanchot, « On tue un enfant » in *Le Nouveau Commerce*, cahier 33-34, printemps 1976, p. 22.)

Ne se perçoit pas la mort dont le vécu traverse la durée dont la crainte anticipe un visage. N'est-elle que l'anticipation de l'incertitude ; ou de ses traits ? C'est un point vague qui précise en chacun comme une trouée du vide. Ou la venue d'un regard. La sauvage immixtion du dehors qu'on perçut à petites doses en respirant. Comme Rilke, incomparablement l'a dit, la vie et

la mort se partagent un règne où le souffle passe de l'une à l'autre :

> Car sentir, c'est pour nous, se volatiliser ; hélas !
> notre souffle nous respire : aspire en nous et nous exhale ;
> flamme après flamme il s'en va, le fumet de nous-mêmes,
> et chaque fois plus affaibli.
>
> (R. M. Rilke, 2ᵉ élégie in *Les Elégies de Duino*, Le Seuil, coll. « Points », p. 31.)

Or qui dira ce mouvement ? N'inverse-t-il pas le jour jusqu'à ce qu'on l'atteigne afin de s'y mouvoir comme un profil que n'accable l'autre à n'avoir su y voir, entre le calme et l'épouvante, qu'une vision sidérante inénarrable ? Rien à ce propos ne tient lieu de visage. Dans le retrait qu'une origine impose l'écriture, en façonnant les parois du livre, cerne le monde où il se tient. Personne n'en sera jamais l'auteur. Ni Bousquet ni Blanchot. D'autres non plus qui les précédèrent ou les suivirent et dont on sait depuis longtemps qu'une excavation prenait dans les mots le ton de leur absence. Voilà où commence l'œuvre. D'un lieu troué. Qui n'est que trou. De sa magnitude dépend que le propos soit celui d'un fou ou d'un poète. Mais qu'importe qu'après tout l'on ne soit jamais sûr lequel des deux a vraiment *raison*. Interstitielle, amoureuse et mortelle, l'œuvre est le don du refus que celui qui s'y livre a produit pour que rien ne demeure qui ne soit l'aube pâle où flétrit, dans le cours de la rivière, l'image de Narcisse qui passe. Cette eau claire et transparente de parvenir au mythe : un reflet que rien ne change : miroir où se mire l'inconnu(e) de l'image.

*
* *

D'UN MOUVEMENT QUI N'ATTEINT QUE L'ABSENCE

Quelque mouvement d'attrait perclus d'indifférence extrême n'est-il pas propre chez Blanchot, voire chez Bousquet au mouvement même de l'amour que Georges Bataille a décrit avec tellement de force. De ce mouvement proviennent la longue attente et l'oubli dont la solitude est tissée. Toutefois d'un même point insituable prolifèrent paroles et souvenirs comme une métamorphose de quelque déchirure intime. « Attends d'un amant les souffrances qui l'effacent. Nul n'est davantage qu'un pouvoir d'ouvrir en soi un vide qui le perde. » Puis « les deux amants se donnent en assemblant leur nudité. Ils se déchirent ainsi et demeurent l'un et l'autre au bord de leur déchirure ». Ou même plus encore : « L'amour annule les êtres limités, les rend au vide exhorbité des cieux, les borne à une attente de *ce qu'ils ne sont pas.* (Georges Bataille, *l'Alleluia,* Catéchisme de Dianuss, éd. K, 1947, respectivement p. 57, 60 puis 47, 48). Cernée de plus près la vision de Bousquet fait apparaître qu'il perçoit l'amour (dont l'homme est exilé) dans l'extériorisation de l'humain (évidage essentiel) et dans la désappropriation du soi ; derrière cette conception se profile l'unité dont le désir n'est qu'un éloge. A l'autre, objet du désir (en ce qu'il est l'absent, le hors de soi) le désir renvoie comme s'il était possible de s'atteindre dans ce que ce désir reflète : en vérité jeu de miroir où des instants se perdent, et qu'aucune image ne vivifie sans qu'à quelque oubli, attenant, elle ne promette encore d'être toujours fidèle. « L'homme est devenu extérieur à son amour ; s'est condamné à éprouver l'amour comme un désir de se pénétrer de soi-même » (LI., 35) : ultime reflet dont Androgyne est le nom. Alors qu'à ce désir l'on fasse un sort et l'écriture n'aura su qu'atténuer le poids des mots qui s'envolent.

Précisons que nous parlons de l'indifférence comme d'un point de chute ou d'envol, successif, simultané à l'extrême attention, à l'attention extrême.

D'un mouvement qui n'atteint que l'absence de l'autre ou la chute du soi que ce mouvement entraîne, et que l'autre n'accueille que de n'être la porte où l'on passe, et que ne retient le désir que pour lui permettre de s'effacer, ou de s'agrandir désespérément jusqu'au vide immense dont il est le germe, et peut-être le lieu, l'amour procède. Rien, semble-t-il, qui retienne l'essence du désir sur lequel l'amour s'élève et qui se gorge d'impossible ; cet impossible que semble atteindre la plus profonde des attentes où l'oubli règne comme l'unique dont le moindre reflet présage un autre corps, une durée qui s'exténue de durer, de durer encore et de parvenir à l'oubli pur. D'un effacement, de loin le plus profond jaillit à nouveau l'image aimée qui n'est que l'attendue, ou l'illusion d'attendre le trop beau de l'autre qu'on ne peut plus voir ni même imaginer. A peine attendre, c'est-à-dire oublier. L'oubli porte le devenir d'une intense concentration où l'impossible est le garant d'un désir insatiable. Oublier c'est féconder l'état extrême et urgent de l'attente où l'amour n'est plus que son regard, un regard terrible où se confondent, vécues, les pires contrariétés devenues proprement insupportables d'une exigence inhumaine... Monstre d'attente, d'impossible que rien n'assouvit sinon l'impossible. Et, ultime assouvissement, n'étreint qu'à partir de ce qui s'efface, se perd, se vide, s'étreint d'étreindre, se referme à l'infini de s'ouvrir infiniment jusqu'à l'oubli : partage terrifiant que seul, parfois, quelque regard avoue.

Les livres de Joë Bousquet, ceux de Maurice Blanchot : produit d'une lucidité parfois terrifiante, ne nous aident pas à vivre, ni même à mourir. Ils creusent l'espace impossible du langage, de la parole où la beauté toujours interstitielle et neutre, nous inculpant en quelque sorte — détourne dans la fascination un propos qui pourrait changer le monde. Ces livres porteurs d'une parole extrême, exténuent dans la parole un propos trop facile ou d'une éloquence trompeuse.

> Contrécrire, dit Bousquet, c'est une opération que je me promets de pratiquer. Elle consiste à dégager toujours, sous la forme d'une vérité très simple ce qui va consacrer l'inutilité du plus grand nombre de paroles. On appelle cela arriver à l'expression définitive. Ou bien : couper court. Tomber en trombe dans la forêt des développements, briser tous les miroirs. Plonger au sein des paroles pour en retirer l'idée devant laquelle elles reculent toutes comme un brouillard. (*Trs.*, 29.)

Résorption, attrait et retrait comme unique mouvement d'effacement qui trace et cerne l'indicible : propos dont le neutre envisage à l'écart — dans l'errance pure de l'immobile — d'entretenir le cours, l'aquifère coulée de la transparence et de l'intimité dont les rencontres n'ont pas lieu : « Mais, sachez-le, là où je vais, il n'y a ni œuvre, ni sagesse, ni désir, ni lutte ; là où j'entre, personne n'entre. C'est là le sens du dernier combat » (*A.M.*, 99).

Etre seul, ou finir seul : à ce désir étrange et incompréhensible un geste se voue. L'indifférence le nie qui de le cerner l'efface. Mouvement total d'aucun refus ou de refus inexorable. A quoi ne font réponse des livres qu'en la question qu'ils ne cessent — inlassablement — de poser. Fatigue, impossibilité de mourir : une durée de la mort dont la mort est exclue : le silence côtoie dans l'écriture un visage où l'autre — trop proche ou trop lointain, insaisissable, livresque et fascinant, irréel et présent — n'est qu'un rappel, à la fois oubli et mémoire, de la mort présente de par son absence même. Attrait donc de la mort en ce que son arrêt, irrévocable, est prononcé. Sans répit la sentence noire pèse sur l'attente l'oubli. Un seul récit inénarrable est l'objet de tant de mots. « *Libère-moi de la trop longue parole* » (*P.A.D.*, 73), dit Blanchot, dont l'entretien infini ne porte qu'un abus : parler pour apprendre à se taire ou écrire pour ne-plus-écrire. Dix mots retenus qui diraient tout et que remplacent l'abondance d'un propos ample. Pourquoi ? « J'écrirai librement, sûr que ce récit ne concerne que moi. A la vérité, il pourrait tenir en dix mots. C'est ce qui le rend si effrayant » (*A.M.*, 8). *L'Arrêt de mort* est un geste blanc que rien ne tache. Il est au cœur du livre ce qui pointe, ce qui regarde. L'envisagement dont le dévisagement est la crainte. Là l'écrit sème l'épouvante, la terreur. Elle est l'extrême violence, le neutre incandescent, l'inenvisageable du lieu où l'auteur habite.

Dans le calme du détour, ailleurs, la poésie n'advient dans le surcroît qu'au bord de ce désastre dont l'imminence est à nos pas ce que nos pas ne sont qu'à l'ombre de nos mots.

Mais à d'autres épreuves est soumis l'écrivain dont le récit ne tarde à se livrer qu'en considération d'un vécu dont seul son regard fut témoin. Dont rien ni personne ne peut rendre compte. Écrire ne désengage rien : les mots telle une innombrable solitude déterminent, cernent l'inénarrable d'un récit essentiel. Ce à quoi *L'Arrêt de mort* fait allusion et tous les autres textes de Blanchot. En leur centre itéré se déploie, se prolonge et à nouveau se répète en se resserrant ou en se déployant l'insuffisance de tout texte et son inouï. Cette retenue invraisemblable qu'incarnent et que contiennent dix mots que l'on trouve sans doute mêlés à de nombreux tissus textuels ; mais que l'écrivain ne peut isoler. L'effacement qui, d'un texte à l'autre ou d'une édition d'un texte à l'autre, caractérise l'attitude de Blanchot prouve bien que la parole inavouable tourne sur elle-même et qu'elle est contenue, écrite au sein même de l'œuvre dont chaque récit réaccentue dans l'effacement le visage ou le sans visage. « Mourir, dit Blanchot, comme la main qui à peu de distance du papier se tiendrait immobile sans rien écrire ou même irait de l'avant sans rien tracer (peut-être parce que ce qu'elle écrit ne se révélera que plus tard selon les procédés grossiers de l'encre sympathique) » (*P.A.D.*, 136). Etrange écho ou précédent quand Bousquet écrit : « Je ne conçois bien mes pensées que sur les lèvres d'un homme qui prendrait en elles son souffle » (*Mys.*, 190).

L'ATTRAIT LE RETRAIT LE TRAIT

L'intime est distance où le neutre foisonne. La distance est intime où le neutre résonne. Etrange parité des mots en leur homophonie quand la parole lasse rime et qu'à la fin du livre, dans l'interruption de lecture, l'incessant, le vertige, l'attente qui jamais ne finissent croissent dans l'ailleurs du regard vide : lieu que rien ne situe sinon des mots et que l'errance avec prédilection choisit pour parfaire encore l'œuvre sans auteur d'une absence impossible. A cela rien ne répond. Rien.

N'avoir aucune apparence... Dans le retrait, reclus volontaire, vu par les seuls mots dont le regard est de la nature du plus exigeant des pluriels, le plus singulier, l'écrivain extirpe de son passage une allée-venue d'où son immobilité rayonne. Qu'on le voie ou qu'on ne le voie pas, peu le virent. Bousquet dans la pénombre de sa chambre où de vastes tentures de velours feutraient l'obscurité attendait de quelque visage ami ou de quelque femme un rayon de soleil devenu inutile en dehors. Blanchot dans le noir, où le blanc de l'absence efface le contour arrogant, n'attend personne. Personne (ne) vient. Et se raréfient des paroles de plus en plus bues par le silence où se tient le regard. Seul(s) il(s) demeure(nt)... De les nommer la parole sourd ou tarit. Là où ils ne se tiennent que de n'y plus tenir, à ceux-là la parole n'ose rien dire que ce rien propre à rien dont on ne fait que des poèmes et que toute une vie ne peut suffire à rendre intelligible et tout de même beau : terrible insuffisance.

✦ *Plus il s'enferme, plus il dit qu'il appartient au Dehors.*

✦ *Tentative pour délimiter avec l'absence de limite encore un certain territoire.* (P.A.D., 141.)

Rien n'y fait. Ne pas nommer nomme. On n'échappe guère
à la signature, au nom (propre et commun), à cette altérité de
soi qui renverse les ombres et fait de l'obscurité une lumière
intense.

Dans la marge où se tinrent, longtemps et visibles d'un seul
regard, les ratures, un lieu fondateur de tout lieu agonise. Là
le livre se tient qu'on ne lit qu'à l'affût du Livre. A cette accou-
tumance qui les aveugle les yeux se vouent. « Celui qui écrit
est soutenu par l'espoir que son livre sera pour quelqu'un la fin
de toute lecture » (TS, 88).

DU NEUTRE

1

De l'insituabilité du neutre naît l'errance immobile. Son
immixtion, sa présence-absence en tout le rend insaisissable
et pervers. Il est le détournement intrinsèque à l'immobilité
dont — à l'envers de l'apparence — il fait un mouvement.
Le neutre est contrariété de l'évidence ; évidage ou vacuité,
renversement, aboulie de l'évidence...

De l'errance immobile naît le vertige imminent du gouffre
de l'éveil : juxtaposition de réalités dissidentes. Où, vers quel
versant s'ouvre le regard comme « un double vitrail clos
sur un autre espace » (CS., 89) ? Dehors la nuit n'est-elle qu'excessive d'un jour dont la lumière hésite, s'opposant en elle-même
à des forces qui la nient et dont elle n'est que la blessure. La
séparation. La dissidence. La démarcation ; ou encore l'écart
irréductible et nécessaire au franchissement de l'unité dans
l'indivision ?

On ne peut finir que sur une question. Obscur est l'Ouvert
où la clôture d'un texte fait que ce texte nie n'être que ce qui s'y
renferme. A cela rien ne parle sinon l'inconnaissance dont l'être

est le pavois. Et « le poète sera un avec son histoire quand elle
lui sera incroyable et qu'il faudra louvoyer pour se l'incorporer...
labourer la mer » (*Mys.*, 262).

2

Où l'ailleurs envisage un effacement que nul ne saurait éluder : d'un lieu dont il s'agit sans qu'on ne sache où il réside ;
d'un lieu sans résidence une écriture cerne l'in-discernable
comme si d'écrire l'on eût pu pressentir qu'à toute origine fut
alloué un lieu commun d'où pointe un lieu unique, ou vice-
versa, son idée ou son image insituable ; et qu'à *cela*, cet intenable du lieu interdit qu'efface et qui efface le dire où il se
tient, qu'à *cela*, qu'à *cela* seul l'on puisse donner la nomination
Neutre, comme risque étrange où vacille l'impossibilité du
concept d'un tel nom (car en lui tous les noms se perdent), voilà
qui ne saurait rien retenir sinon le mouvement calme, épou-
vantable et beau de la perte dont le Neutre est le lieu, l'infran-
gible, l'irréfragable du lieu, l'annulation absolue de ce qui d'y
passer ne s'y diversifiera plus (sera sans futur dans le futur
même) mais ne cesse de s'y perdre, s'y efface encore ou s'y
écrit comme si ces mots, les derniers, n'étaient que synonymes
les uns des autres ; et qu'en l'assomption d'une origine ou d'un
présent sans origine (hors temps qu'écrire implique ou sous-
entend) ils soient comme éternellement premiers, c'est-à-dire
écrits. Mais oubliés. Perdus. Frange neutre du Neutre où l'écrivain (immobile errant) perd son nom pour n'être qu'origine.
« Etre seul à parler une langue que tout le monde comprend. »
Entre la parole et l'écriture : « Ecrire, ce n'est pas faire penser
les hommes, mais leur fournir des paroles pour des pensées
qu'on leur inspire » (*Le Livre heureux*, p. 188 et 196).

A'

L'œuvre qui fascine est le produit d'un auteur fasciné. On ne peut résoudre le problème que pose les œuvres de Bousquet et de Blanchot tant qu'on ne subit pas l'attrait qui, dans un premier temps, aveugle le regard que le texte attire et éconduit dans l'immobilité de ce qui demeure d'un rapport où l'absence a lieu. C'est dire que la lecture de ces œuvres esseule. Qu'elle emploie la présence où l'autre se tient pour ne s'y reconnaître qu'absente. Présence absente. Absente de soi. Ailleurs. Autrement vue qu'écrite. Voyeurisme de l'insinuation et du langage qui touche. Des mots dont on se sert à l'insu des mots, la voix ne sait qu'attendre. Sinon c'est qu'elle n'est pas ce qui fait parler la parole. Ou qu'encore elle est l'abus, l'excessive immobilité où se déplace le temps de l'œuvre. Le présent.

B'

N'avoir perçu qu'un temps mort. Du neutre l'écart intransigeant. Où du lieu d'un nom, exigeant, la voix s'échappe. Que ne cerne ni l'écart ni l'intimité dont la distance eut le privilège. Si seulement se taire s'avérait suffire. Mais il faut parler. Pousser le mot dont l'étendue prolonge à vide l'épaisseur et l'intense du lieu intenable. De la vérité. Du réel. Du vivant dont la mort n'est qu'un signe. Charmille étroite ou sente dévolue à ses parages, l'œuvre envahie n'oublie que le dernier pas, le seuil. Alors la faim commence. Seul point commun entre deux œuvres : leur différence. Tout ailleurs n'est que le lieu de l'Autre, du Même, l'atour et l'autour, la solitude, l'innombrable solitude. Le Neutre.

De l'Un dont il s'est départi, vers l'Un auquel il s'en retourne l'ami en sa présence parle mais sa présence comme « le chacal qui hurle son thrène sauvage parmi les décombres de l'antiquité m'arrache brusquement à mon rêve » (Hölderlin, « Hypérion » in *Œuvres*, p. 136).

Alors voir de ne plus voir, n'être rien puisque le vrai n'est pas clair, et s'en remettre à l'oubli. Un certain oubli. Lieu de travail. Travaillant le temps dans l'absence même où le temps d'espace et de temps démuni à l'origine séant soulève le voile œuvrant couvrant *de l'amitié sans trait*.

TABLE DES MATIERES

N° d'impression : 1 698   Dépôt légal : 1er trimestre 1979
Les Presses Bretonnes, Z.I. des Châtelets - 22440 Ploufragan